Latina Hazlo tu Misma

Elabora Productos Faciales como una Profesional
Catalina Charpentier B.

Artemix Beauty

ISBN: 978-1-961176-09-6 (eBook)

ISBN: 978-1-961176-10-2 (Paperback)

ISBN: 978-1-961176-11-9 (Hardback)

Publisher: ARTEMIX BEAUTY, Owasso, Oklahoma Website: www.artemixbeauty.com

Instagram: @artemixbeauty Facebook: @artemixbeauty

PARA TI

DESCARGALO TOTALMENTE GRATIS

Aprende a hacer extractos naturales
paso a paso para anadir a tus
productos cosmeticos

WWW.ARTEMIXBEAUTY.COM

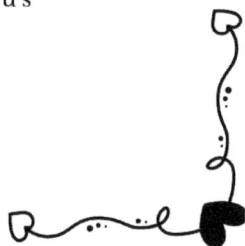

www.artemixbeauty.com

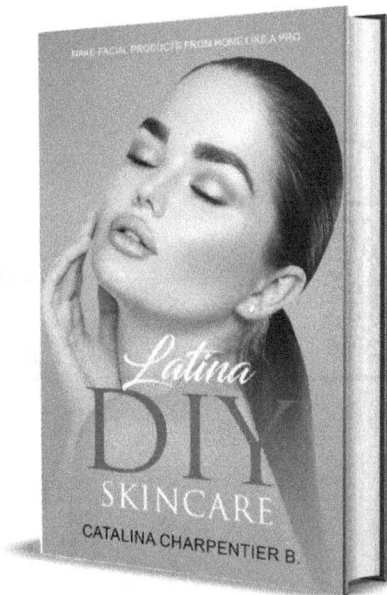

MAKE FACIAL PRODUCTS FROM HOME LIKE A PRO

Latina
DIY
SKINCARE
CATALINA CHARPENTIER B.

Take your Skincare to the next level! Discover how to create natural products like a professional from the comfort of your home.

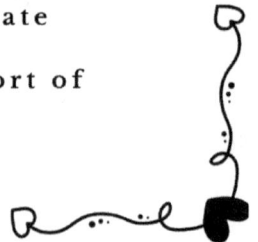

Contents

Exfoliante Facial

Suero para Todo tipo de Pieles

Introducción

Una de las particularidades de una cultura heredada por nuestros antepasados es la medicina natural. A los latinos nos gusta crear remedios caseros, brebajes y métodos naturales para resolver problemas de salud y cuidar nuestra piel. Las mujeres de nuestra cultura tienen una curiosidad innata por crear, proteger y sanar, por lo que este libro te ayudará a disfrutar creando fórmulas que nos beneficien mientras nutren nuestra piel con la ayuda de la naturaleza. Sabemos muy bien que usar los productos equivocados puede hacer que nuestra piel se seque, se vuelva opaca y escamosa. Peor aún, el acné y las imperfecciones pueden ser el resultado de un cuidado inadecuado. ¿Pero qué debemos hacer como mujeres? Probamos los métodos que los bloggers de belleza nos aconsejan y vivimos con el conocimiento de que nuestras reacciones cosméticas pueden hacer crecer el moho y volverse rancias. Este tipo de microorganismos parece ser una consecuencia ineludible de seguir la ruta casera, pero no tiene por qué ser así. ¡Tú puedes crear cosméticos efectivos, seguros y estables en casa muy fácil! Todo lo que necesitas es entender sobre los principios básicos de una formulación y las características que hacen que la piel latina sea única.

La piel latina es maravillosamente diversa, desde suntuosos tonos moka, hasta bronces sensuales y miel sutil (y todos los hermosos tonos intermedios). Gracias a nuestra piel única, nos bronceamos fácilmente y desarrollamos arrugas más tarde que nuestras contrapartes de piel clara, pero la melanina adicional tiene un inconveniente: las manchas se desarrollan fácilmente si no las previenes.

Muchos productos en el mercado están formulados genéricamente para atraer a una audiencia lo más grande posible. No hay nada intrínsecamente malo en eso, pero estas formulaciones genéricas no tienen en cuenta las características especiales o los problemas que enfrentamos con nuestro tipo y tonalidad de piel. Las ojeras, el acné adulto, el melasma y otras imperfecciones hacen que sea difícil darle a nuestra piel el amor y el cuidado que merece, especialmente cuando se depende de productos producidos en masa. La belleza cuesta, pero la triste verdad es que no hay garantía de que esas marcas exclusivas en las que amamos derrochar nuestro dinero nos brinden el mejor cuidado para nuestra piel. Crear productos cosméticos es un proceso sorprendentemente simple y satisfactorio, además, las formulaciones cubiertas en este libro están desarrolladas específicamente para satisfacer nuestras necesidades de la piel latina, dejándola suave y radiante. Además de darle a la piel un cuidado óptimo, hay otros beneficios al formular tus propios cosméticos en casa. Estos incluyen:

- Controlar la calidad de la materia prima. ¡Lo que te pones es lo que obtienes! Esto es cierto para el cuidado de la piel y los productos cosméticos por igual. Al hacernos cargo del proceso de fabricación y optar por la mejor calidad que podemos encontrar, tenemos la garantía de crear productos para el cuidado de la piel que ofrecerán resultados muy superiores. ¡Cada latina y su *abuela* te preguntarán cuál es tu secreto para el cuidado de la piel!

- Desintoxicación de la piel con ingredientes naturales y puros. Los productos cosméticos pueden contener ingredientes innecesarios y, a veces, dañinos. Al eliminar los ingredientes redundantes de la formulación, maximizamos las propiedades nutritivas de estos productos sin introducir ingredientes que puedan irritar o dañar la piel.

- Evitar los artículos producidos en masa que están cargados de químicos y son caros. ¡El hecho de que ese suero que desafía la edad cueste más de $ 120,00 no significa que pueda entregar los resultados prometidos! La mayoría de las veces, la lista de ingredientes de marcas muy queridas incluyen rellenos y otros productos químicos difíciles de pronunciar que ningún profesional del cuidado de la piel que se precie recomendaría. Entonces, ¿por qué deberíamos tratar nuestras caras como un vertedero tóxico cuando hay alternativas mejores y más efectivas?

Más importante aún, cuando creamos productos cosméticos en casa, tenemos la garantía de que el producto es fresco. Esto significa que los ingredientes activos utilizados tendrán un efecto muy significativo y dramático en la piel. Como profesional del cuidado de la piel, la razón número uno por la que animaría a las mujeres a crear sus propios cosméticos es esta: las arrugas también se producen por la acumulación de sustancias químicas que no permiten que la piel respire. Al crear nuestros propios productos para el cuidado de la piel, estamos eliminando los productos químicos que la sofocan, dándonos un aspecto joven y radiante hasta los años que vienen. ¡Es un ganar-ganar en todos los sentidos! Las formulaciones en este libro sugieren una dosis máxima de los ingredientes activos sin comprometer la estabilidad del producto, haciéndolos más efectivos.

Si te emociona la idea de crear cosméticos, encontrarás mucho valor escondido en este libro, te familiarizarás con los principios cosméticos básicos, las formulaciones y mucho más, información útil tanto si eres una aficionada o empresaria. La información contenida en este libro, además de ayudar a las empresarias a descubrir soluciones alternativas a los problemas de cuidado de la piel que afectan a las mujeres latinas, puede ayudarlas a iniciar un negocio lucrativo en su comunidad. La información es poder, y el autoempoderamiento es la forma más poderosa de emancipación disponible en nuestro mundo moderno. En resumen, las latinas deben ser dueñas de su belleza y hacerse cargo de su cuidado de la piel. Los productos cosméticos creados por latinas para la piel latina deben ser una norma. Sin embargo, antes de adelantarnos, hay algunas cosas importantes que debes tener en cuenta antes de que nos embarcarnos en este viaje para obtener lo mejor de tus creaciones cosméticas y evitar el desperdicio:

- **Usa la fórmula correcta**

Diferentes productos cosméticos tienen diferentes formulaciones. Al desarrollar creaciones cosméticas, es importante que utilices formulaciones que permanezcan estables y nutran tu piel. Debemos considerar nuestros ingredientes y cómo interactúan entre sí al crear cosméticos.

- **Haz uso de un conservante**

La mayoría de los cosméticos tienen conservantes, y por una buena razón. Estos ingredientes ayudan a que tu producto se mantenga estable y seguro para usar. Los productos a base de agua y algunas formulaciones anhidras necesitan conservantes para protegerlos contra levaduras, moho y bacterias. Una buena regla general para seguir es esta: si hay agua en la formulación cosmética, agrega un conservante. Aprenderás todo sobre los conservantes en el capítulo cuatro, así que no profundizaré demasiado aquí.

Las emprendedoras que deseen dar vida a una creación cosmética deberán probar la estabilidad de su producto, junto con pruebas microbiológicas. Esto ayuda a determinar una fecha de vencimiento bastante precisa si los conservantes funcionan como deberían. No te preocupes, estos tests son bastante simples y son de gran ayuda a la hora de llevar tu producto al mercado.

El uso de ingredientes de calidad es el secreto para maximizar la vida útil. Para los productos a base de aceite, es mejor protegerlos contra la oxidación agregando vitamina E (u otro antioxidante adecuado) a la formulación.

- **Almacena los productos correctamente**

Elegir un empaque magnífico es muy divertido, pero los envases deben mantener las creaciones cosméticas seguras y estables. Los cosméticos de bricolaje deben almacenarse en recipientes higiénicos en todo momento. Siempre que sea posible, usa una bomba, una válvula de pulverización, un dispensador de gotas o una espátula con los productos cosméticos para limitar la contaminación.

- **Mantenen lotes pequeños**

Es difícil saber la fecha exacta de caducidad de los cosméticos de bricolaje. Esto aumenta bastante el riesgo de deterioro del producto. Para limitar el desperdicio, es prudente producir cosméticos en pequeños lotes. Esto asegura que la crema, gel, conservante o extractos que estás utilizando sean lo más frescos posibles. Al preparar productos anhidros, asegúrate siempre de empacarlos adecuadamente y recuerda agregar un antioxidante.

Los productos a base de agua sin conservar solo deben fabricarse en dosis únicas cuando sea necesario. Esto se debe a que a los microbios les encantan los productos a base de agua y crecen fácilmente en estas formulaciones. Limitar estos productos a usos únicos cuando sean necesarios es una de las formas más seguras.

- **Mide los ingredientes cuidadosamente**

Los ingredientes deben medirse cuidadosamente para lograr resultados consistentes. Utiliza una balanza digital para medir líquidos y sólidos con precisión siempre. Si estás ajustando una formulación o probando algo nuevo, escribe el proceso y la receta, de esa manera, podrás replicar si el producto final es deseable, pero este paso avanzado solo se recomienda una vez que hayas dominado los conceptos básicos. En este libro, las formulaciones se comparten con las cantidades óptimas de ingredientes para obtener excelentes resultados, no solo en la integridad del producto sino también en los resultados obtenidos con el uso. La construcción de una marca de cuidado de la piel se basa en gran medida en la calidad de los productos que creamos.

- **Respeta los ingredientes**

Saber qué hay en nuestros productos cosméticos es un gran motivador que inspira a muchos a crear sus propias formulas. Es una salida maravillosamente creativa, pero debes entender y respetar cómo se usan los ingredientes en una formulación. Este es un tema que cubriremos en los capítulos 2 y 3. No te preocupes, cuando domines los conceptos básicos, ¡crear productos cosméticos de calidad se vuelve sorprendentemente fácil! Muchos ingredientes cosméticos vienen con instrucciones de uso, y es muy recomendable seguirlas. Algunos ingredientes pueden provocar irritación y reacciones en la piel si se usan o preparan incorrectamente.

- **Ajusta el pH**

Este simple paso es vital para mantener tus cosméticos de bricolaje estables y seguros durante el mayor tiempo posible. El pH de un producto afecta diferentes características de la formulación. Por ejemplo, el conservante puede no funcionar correctamente o el aspecto, la sensación y el aroma del producto es diferente de lo que esperaba. Las simples tiras de pH y unos minutos de control de calidad pueden ahorrarte un deterioro potencial del producto. Profundizaremos un poco más sobre este tema un poco más adelante también.

- **Observa las prácticas de producción adecuadas**

Una cuestión clave a la hora de crear productos cosméticos es evitar la contaminación en todas las etapas. Elegir el conservante adecuado es importante, pero también lo es el proceso de producción. Necesitas trabajar limpio y nunca usar tus herramientas de producción cosmética para nada más. Esto es para limitar la contaminación, maximizando la calidad y la vida útil del producto final. ¡No te preocupes! Los principios de la química cosmética son sorprendentemente fáciles de entender y están cubiertos en el libro.

Este libro te dará un conocimiento de las prácticas, ingredientes, y el equipo necesario para formular de manera segura productos cosméticos de bricolaje de calidad. Observar las prácticas mencionadas anteriormente ayudará a mantener la calidad de nuestros productos bajo control, minimizando el deterioro. Los sencillos pasos y los conocimientos detallados están diseñados para ayudar a explorar tus creaciones cosméticas como productos seguros, eficaces y de calidad. Crear cosméticos puede ser un viaje emocionante, uno que estoy ansiosa por compartir con ustedes.

Ten en cuenta que, para obtener una buena salud y figura, debemos alimentarnos con alimentos frescos y sin procesar evitar los artículos que se congelan o conservan con productos químicos baratos (como esos pasteles de garaje producidos en masa). Nuestra piel funciona de la misma manera. No es conveniente bombardearlo con productos químicos producidos en masa porque, tarde o temprano, esto se acumula en nuestra piel y cuerpo. Como resultado, mostraremos lo que hemos consumido durante años. Por esta razón, la fabricación de tus productos te garantiza comprender completamente los componentes con los que estás alimentando tu piel y cómo los alimentos frescos le darán a tu rostro un nuevo aspecto, pero sobre todo, ¡es naturalmente saludable! Y esa es la parte más importante. Así que viaja conmigo mientras descubrimos productos fáciles de hacer en casa para una piel fabulosamente impecable.

· ♥ · ♥ · ♥ · ♥ · ♥ ·

1

La Piel y Su pH

Nuestra piel es increíble en la multitarea. Desempeña muchas funciones esenciales que contribuyen a nuestro bienestar general. La piel funciona como una barrera protectora, protegiéndonos de enfermedades, lesiones y temperaturas extremas. Uno de los mecanismos de protección que emplea la piel es el pH. La piel está constantemente expuesta a agresiones externas, por lo que mantener su pH óptimo es esencial para el papel fundamental de protección de la piel. Cuando el pH de nuestra piel se ve comprometido, puede surgir una amplia gama de problemas que van desde la infección, la rosácea y la dermatitis atópica (*Understanding Skin-Skin's pH,* 2017).

El manto ácido ayuda a mantener nuestra piel sana. Es una capa delgada de lípidos y aminoácidos que juega un papel clave en la barrera protectora de la piel. Nuestro manto ácido ayuda a inhibir el crecimiento de bacterias y neutraliza a los agresores alcalinos (uno de ellos es uno de los tensioactivos agresivos). Esto es importante para mantener un ambiente óptimo para permitir que la flora natural de nuestra piel prospere.

Cuando el pH de nuestra piel se arrastra en el rango alcalino, este equilibrio natural se altera. En un ambiente alcalino, no se pueden sintetizar lípidos epidérmicos importantes, lo que hace que la piel pierda agua y se seque, comprometiendo la capa externa de la piel y su función protectora. Esto puede llevar a que la piel se vuelva más sensible a los factores ambientales, dejándonos con una piel seca y sensible que es susceptible a infecciones y enfermedades. ¡Así que mantener el pH adecuado de nuestra piel es nuestra tarea!

El pH de nuestra piel varía un poco con la edad, el sexo y el área del cuerpo (las axilas, los genitales y las manos tienen un pH ligeramente diferente al resto del cuerpo). Para medir el pH de la piel y muchas otras sustancias, hacemos uso de la escala de pH. Los valores de la escala oscilan entre 0 y 14. Un pH de 7 se considera neutro. Cualquier valor por debajo de esto se consideraría ácido, y cualquier valor superior a 7 es alcalino. El pH natural de nuestra piel es un toque en el lado ácido, que oscila entre 4.5 y 5.9 en la escala de pH. El valor óptimo de pH para los productos para el cuidado de la piel es ampliamente aceptado en 5.5. Los diferentes tipos de piel también tienen diferentes niveles de pH. El pH para cada tipo de piel se indica de la siguiente manera:

- Piel grasa: Entre 4.9 y 5.0

- Piel normal: Entre 5.2 y 5.5

- Piel seca: Entre 5.7 y 5.9

Los tipos de piel están directamente relacionados con la cantidad de sudor y secreciones sebáceas que se forman en la capa superficial de la cara. La secreción óptima significa que la superficie de la piel está bien lubricada e hidratada, es decir, la piel normal. Las alteraciones de estas secreciones dan lugar a diferentes tipos de piel. Examinaremos diferentes tipos de piel un poco más tarde.

Los factores externos pueden estresar la piel e impactar el pH. Estos factores van desde cambios en la humedad, la temperatura, la contaminación, la suciedad, la limpieza excesiva de la piel, el uso de cosméticos alcalinos y uso de productos químicos. Los productos químicos con un pH alcalino pueden ser particularmente perjudiciales para nuestra piel. Estos productos químicos dañan la barrera protectora de la piel al sobrecargar su capacidad natural para neutralizar los álcalis. Uno de estos productos químicos es el lauril sulfato de sodio (SLS). Este surfactante se usa comúnmente en champús y jabones corporales porque espuma fácilmente y es barato. La mayoría de nosotras asociamos esa espuma con la limpieza, sin darnos cuenta de que el SLS despoja a la piel de sus aceites naturales, dejándola seca y vulnerable a los agresores ambientales. La investigación confirma que el SLS es un irritante conocido y puede conducir a un sinnúmero de problemas que incluyen irritaciones de la piel y los ojos, dermatitis, eczema, psoriasis, erupciones cutáneas, trastornos hormonales, uno que otro mareo y dolor de cabeza (Geier et al., 2003).

Los factores internos (genética, hormonas y edad biológica) también afectan el pH de nuestra piel. Ten en cuenta que nuestro manto ácido protector tarda en formarse, es por eso que los bebés recién nacidos tienen una piel increíblemente sensible. Afortunadamente, hay maneras en que podemos apoyar el nivel óptimo de pH de la piel. Las opciones de llevar un estilo de vida saludable y una rutina regular de cuidado de la piel con productos que respetan su pH contribuyen en gran medida a reducir y prevenir problemas.

· ♥ · ♥ · ♥ · ♥ · ♥ ·

Comprender los Tipos de Piel

Los factores internos (edad, genética, hormonas) y externos (contaminación, temperatura, cosméticos alcalinos, productos químicos) afectan a nuestra piel y hacen que tu pH se desestabilice. En la piel seca, la barrera de protección lipídica es poco profunda. Esto causa un mayor riesgo de sequedad, sensibilidad y deshidratación. Cuando ocurren estas condiciones y la piel se sensibiliza, el pH cambia y se vuelve más ácido que la piel grasa promedio (que tiene un pH entre 4.9 y 5.0). El impacto puede ser devastador, llevando a la glándula sebácea a la atrofia debido al exceso de grasa en la superficie. Esto resulta en un desequilibrio del pH de la piel y, en algunos casos, puede empujar el nivel de pH cerca del nivel neutral (7 en la escala de pH).

Cuando se trata de los diferentes tonos de la piel latina, la cantidad de melanocitos en nuestra piel puede complicar las cosas considerablemente. Los melanocitos producen melanina. Esto es lo que le da a nuestra piel esos hermosos tonos sensuales, pero demasiada producción de melanina puede provocar manchas oscuras. Agregado a esto, somos más propensas a desarrollar ojeras visibles o piel con inclinación al acné cuando la piel es grasa y el cuidado de la piel se convierte en un juego de pelota completamente nuevo. ¡No es de extrañar que las latinas gastaron más de dos mil millones de dólares en productos cosméticos en 2021 (Burhop Fallon, 2021)! Mantener esas arrugas a raya es un ejercicio costoso, especialmente cuando se confía en productos que no afectan la singularidad de tu piel.

En este contexto, existen clasificaciones y subclasificaciones que los dermatólogos y dermocosmiatras estudian con más profundidad. Es posible que hayas notado que los productos cosméticos siempre están formulados para servir a un tipo de piel especifico. Los diferentes tipos de piel tienen diferentes necesidades y sus productos están formulados para satisfacer las necesidades específicas de la piel. Es por eso que no usaremos productos formulados para pieles secas en pieles grasas o mixtas, por ejemplo. Los productos diseñados para pieles secas tienden a tener fuertes propiedades emolientes e hidratantes, lo que puede dar lugar a una apariencia grasa y poros obstruidos cuando se usan en pieles grasas o mixtas. Cada tipo de piel necesita un enfoque diferente para el cuidado con productos dedicados. Para desvelar el misterio que rodea a los tipos de piel, analizaremos más de cerca los tipos de piel normales, grasas, secas, mixtas y sensibles.

Piel Normal

Este tipo de piel tiene un pH de 5.5 a 5.7 y está en equilibrio con respecto a las secreciones sebáceas y la producción de sudor. La piel es suave y uniforme, con un ligero brillo y poros apenas visibles. Es muy típico encontrar este tipo de piel en personas más jóvenes y niños. Este tipo de piel tiende a ser de bajo mantenimiento, pero puede secarse cuando se descuida. A pesar de tener condiciones óptimas, la piel normal necesita un cuidado adecuado para protegerse de los agentes externos y evitar cualquier interrupción en su equilibrio secretor. A medida que pasa el tiempo, la piel normal puede volverse seca o grasa. La mejor manera de cuidar esto es identificar en qué dirección se dirige la piel (seca o grasa) y luego alternar el uso de cremas y geles de acuerdo con cómo responde la piel. La piel normal debe limpiarse dos veces al día, por la mañana cuando nos despertamos y por la noche antes de ir a la cama. La limpieza debe hacerse antes de hidratar y nutrir la piel.

Piel Seca

Este tipo de piel tiene un pH de 5.9 a 6.1. y se caracteriza por ser muy fina con una elasticidad mínima. También es reactiva a estímulos externos y tiene tendencia a mostrar dilataciones de pequeños vasos sanguíneos cerca de su superficie. Si notas que tu piel tiene estas características junto con ser opaca y propensa a las arrugas y descamación, es probable que tengas la piel seca y necesites tratarla con amor intenso. Los tipos de piel seca son muy sensibles a los cambios climáticos, pueden tener una apariencia opaca y una sensación áspera. Una buena hidratación es clave para tratarla efectivamente.

La piel seca debe lavarse dos veces al día e hidratarse inmediatamente con la cantidad adecuada de crema. Por la noche, lo mejor es utilizar una crema revitalizante con mayor untuosidad (oleosidad). Esto ayudará a nutrir la piel y dar tiempo a los ingredientes activos para hacer su magia. La piel seca generalmente se puede encontrar en adultos mayores de 35 años (piel madura) y en individuos que tienen una tendencia a la piel seca.

Piel Deshidratada

La piel deshidratada a menudo se confunde con la piel seca, pero las dos no son lo mismo. La piel seca se caracteriza por la falta de lípidos, por lo que se utiliza productos que contienen aceite. La piel deshidratada es reconocida por su falta de agua. Los tipos de piel seca y grasa pueden desarrollar esta variante y el síntoma principal es una profunda sensación de tirantez y descamación en el área media de la cara, los bordes de la nariz y la ceja. Para tratar la piel deshidratada, necesitamos usar productos que proporcionen agua. Las cremas de día y de noche deben apoyarse con un tónico hidratante descongestionante formulado para pieles secas. En el caso de pieles grasas deshidratadas, se deben usar geles y tónicos específicos para su necesidad según sea necesario.

Algunos cambios en tu estilo de vida serán necesarios para tratar con éxito la piel deshidratada. Podemos realizar una prueba sencilla para averiguar si la piel está deshidratada o no. Todo lo que necesitas hacer es pellizcar ligeramente la piel alrededor del área de la mejilla. Observa de cerca el área pellizcada. ¿Notas arrugas? Si es así, deja ir la porción pellizcada. ¿La piel se recupera inmediatamente? Si no, es probable que tengas la piel deshidratada. Un profesional del cuidado de la piel puede ayudarte a clasificar tu tipo de piel si no estás segura.

Piel Grasa

Si tu piel es grasa, es probable que tengas un pH entre 4.9 y 5.1. La piel grasa tiende a tener una textura gruesa, poros dilatados y está húmeda al tacto. Las personas con este tipo de piel suelen tener una apariencia brillante en toda la cara. Uno de los mayores desafíos que se viene con la piel grasa es mantener los puntos negros y las espinillas bajo control, ya que los poros pueden bloquearse fácilmente. La ventaja de tener la piel grasa es que tendemos a ver menos arrugas, pero el inconveniente es que el riesgo de desarrollar granos aumenta. Esta piel es bastante resistente a los agentes externos, por lo que no se recomienda utilizar ningún derivado del aceite (como la cremas). La exfoliación regular es importante para mantener la piel suave y libre de suciedad. La piel grasa puede ser causada por una variedad de factores como el desequilibrio hormonal, la genética, el clima, la edad, el estilo de vida y la dieta. La mejor manera de cambiar las cosas para este tipo de piel es llegar a la raíz del problema y seguir un plan de cuidado de la piel adecuado.

Las personas con piel grasa deben limpiarse la cara dos veces al día y usar geles hidratantes que se absorban rápidamente en la piel. Estos geles son a base de agua, lo que es útil para el control de la grasa. Por la noche, lo mejor es usar un gel o suero revitalizante. En el capítulo 4 de este libro, aprenderás cómo hacer geles de absorción rápida para que tu piel tenga el máximo beneficio sin sentir esa sensación pegajosa que algunos productos dejan.

Piel Mixta

Este tipo de piel puede ser un desafío para ser manejada porque combinan características de piel normal y grasa, es decir, implica abordar problemas opuestos en la misma área de la cara, como la sequedad y la grasa. Los tipos de piel mixta suelen exhibir una nariz, frente y barbilla grasosas (la zona T), mientras que las mejillas están secas. Se recomienda una exfoliación semanal y una mascarilla nutritiva para ayudar a sacar lo mejor de estos tipos de piel. Hay una serie de factores que pueden conducir a la piel mixta, pero la mayoría de las veces se reduce a una tirada de dados genéticos. Los cambios estacionales y los productos incorrectos para el cuidado de la piel a menudo exacerban el problema, fomentando la producción excesiva de sebo en la zona T mientras se secan las mejillas. Al formular productos para tipos de piel mixta, es mejor evitar los siguientes ingredientes:

- Alcohol, alcohol desnaturalizado y hamamelis: ingredientes comunes en los tónicos

- Exfoliantes altamente abrasivos

- Usar fragancias fuertes en el producto. La fragancia es un culpable común detrás de muchos casos de irritación de la piel, independientemente de si el ingrediente es sintético o de origen natural.

Piel Sensible

Un tipo altamente reactivo, la piel sensible reaccionará a estímulos que no molestarían a los tipos de piel normales. Puedes caer en esta categoría si tu piel está constantemente irritada. Esto a menudo se acompaña de ardor, picazón y enrojecimiento debido a factores climáticos. Para cuidar esta variante de piel, debemos evitar los productos que contienen fragancias y altas concentraciones de conservantes. Por esta razón, los productos orientados al cuidado de la piel sensible generalmente omiten el uso de fragancias y colorantes. Cuanto más natural sea el cuidado de la piel, mejor. Los productos cosméticos inapropiados, el consumo de alcohol, las condiciones emocionales y las hormonas pueden actuar como desencadenantes que irritan la piel sensible. La reacción generalmente va de la mano con molestias, sensación de tirantez, enrojecimiento o picazón. Esto se debe a que la función protectora de la piel se ve comprometida y necesitará un mayor grado de cuidado suave. En la categoría de pieles sensibles, encontraremos tipos de piel fotosensibles e hipersensibles.

- **Piel Fotosensible:** La fotosensibilidad a menudo se conoce como una "alergia al sol", una explicación adecuada, pero ligeramente simplista. La fotosensibilidad es una condición en la que la piel se vuelve altamente sensible a la luz ultravioleta (*Fotosensibilidad*, 2011). No importa si los rayos UV provienen del sol o de una cama de bronceado, el resultado es el mismo: piel que se quema fácilmente. La piel puede volverse dolorosa, picar después de la exposición a los rayos UV y en algunos casos, se ampollará y pelará. La fotosensibilidad puede ser causada por ciertos medicamentos, como los medicamentos contra el cáncer y otras afecciones médicas, como el lupus y la xeroderma. Para tratar la piel fotosensible, se recomienda consultar a un profesional del cuidado de la piel.

- **Piel Hipersensible:** La piel muy sensible es una condición desagradable y común caracterizada por piel seca, irritación, granos, eczema, enrojecimiento, así como sensaciones de ardor y escozor (*Hipersensibilidad en general*, s.f.). Como probablemente hayas adivinado, este tipo de piel es el resultado de una barrera cutánea comprometida y necesitará cuidados especiales. Los cambios en el estilo de vida pueden ser necesarios para tratar esta afección, ya que ciertas telas y tintes pueden irritar este tipo de piel.

· ♥ · ♥ · ♥ · ♥ · ♥ ·

Consejos para Mantener el pH de la Piel

El pH de nuestra piel juega un papel increíblemente importante en el mantenimiento de su salud en general. No te preocupes, mantener el equilibrio del pH es más fácil de lo que piensas. Ten en cuenta que después de limpiar la cara, normalmente toma una o dos horas para que la piel vuelva a su nivel normal de pH (Debayle, 2018). Durante este tiempo, el manto ácido es vulnerable y la piel debe tratarse con especial cuidado. Con eso en mente, echemos un vistazo a algunos pasos proactivos que podemos tomar en cuenta para proteger nuestra piel.

- **Evita la limpieza excesiva:** Cuando limpiamos demasiado la piel, eliminamos la barrera protectora y esto conduce a la sequedad y la irritación. Lo ideal es limpiar la piel dos veces al día (mañana y noche) con un limpiador suave que sea adecuado para tu tipo de piel. Un limpiador suave no contendrá ningún lauril sulfato de sodio (SLS) o elementos abrasivos. Enjuaga tu piel con agua tibia o usa agua micelar para eliminar el exceso de aceite después de un baño.

- **Evita la exfoliación extrema:** La exfoliación es buena para la piel, ayuda a eliminar las células muertas en su superficie, pero debemos tener cuidado con la exfoliación excesiva. Lo mejor es usar un producto exfoliante que contenga alfa-hidroxiácidos (AHA) o beta-hidroxiácidos (BHA) dos veces a la semana. La diferencia entre AHA y BHA es simple pero significativa. El AHA es soluble en agua, mientras que el BHA es soluble en aceite y penetra en la piel a través de nuestras glándulas sebáceas (Brooks, 2022). Es aconsejable reducir el uso de exfoliantes, ya que tienen una tendencia a dañar la piel. La limpieza y exfoliación exageradas eliminan la protección su natural y fomentan la formación de acné y granos.

- **Ten cuidado con el vapor:** Las saunas y las salas de vapor son maravillosas para eliminar las toxinas de la piel, pero pueden dañar la delicada piel de la cara. Esto es especialmente cierto para las personas con piel sensible y las que viven con rosácea. El vapor puede dañar el manto ácido, lo que lleva a la pérdida de humedad y fomenta la flacidez.

- **Ten cuidado con los tratamientos:** El tipo de tratamiento que utilizas puede tener un impacto significativo en la salud de tu piel. Los productos que contienen alcohol tienen una tendencia a despojar el manto ácido, mientras que los tratamientos para el acné tienden a ser abrasivos. Lo mejor es buscar productos de tratamiento que contenen ceramidas, ya que son alternativas más suaves.

- **Evita el SLS:** Los limpiadores con sulfato de sodio o lauril sulfato de sodio no son adecuados para usar en la piel. Desnuda la piel, dejándola rígida. ¡Esto no es sorprendente, considerando que el SLS se usa comúnmente en limpiadores de pisos y desengrasantes de motores! Si realmente te gusta una buena espuma, busca productos que hagan uso de ácidos grasos o que sean de origen vegetal.

- **No limpies tu piel excesivamente por la mañana:** La mayoría de las veces, un enjuague suave con agua tibia seguido de un poco de agua micelar es suficiente para eliminar la grasa. Si su piel es grasa o propensa al acné, usa un limpiador suave diseñado para tu tipo de piel. Los jabones en barra regulares son una de las peores cosas que podemos usar en nuestra piel, ya que tienden a contener SLS, que desnuda la piel.

- **No sobre estimules la piel sucia:** Masajear la cara cuando tienes maquillaje es una muy mala idea. Esto se debe a que la suciedad puede quedar atrapada en los poros, lo que lleva a la formación de acné y granos. A la hora de limpiar nuestro rostro, hazlo con un suave masaje. Esto ayudará a estimular la circulación y mejorar la apariencia de la piel. Idealmente, este masaje de limpieza no debe durar más de cinco minutos.

- **Evita lavarte el cabello al final:** La mayoría de los champús contienen sulfatos. Estos ingredientes pueden ser bastante irritantes y pueden fomentar brotes. Lo mejor es lavarte el cabello primero antes de lavarte la cara y el cuerpo, ya que nuestros aceites naturales proporcionarán un grado de protección contra los ingredientes agresivos en el shampoo.

- **No olvides el tóner:** Los tónicos son productos maravillosos para la piel. Su función más importante es restaurar el equilibrio del pH, protegiendo así el manto ácido y la salud general de la piel.

Cuando descuidamos proteger y nutrir la piel, su barrera protectora se vuelve débil y delgada. Esto a menudo conduce a la irritación y a la pérdida acelerada de colágeno, también conocida como envejecimiento acelerado.

Ten en cuenta que nuestros cuerpos comienzan a perder colágeno a los 30 años, pero el efecto generalmente solo se nota varios años después (*What Happens to Collagen as We Age,* 2020). Es un proceso natural, pero algunos malos hábitos pueden acelerar el proceso. Esta es la razón por la cual el cuidado adecuado de la piel juega un papel vital en el mantenimiento del resplandor juvenil de nuestra piel.

El pH de nuestros productos cosméticos y para el cuidado de la piel también debe tenerse en cuenta, especialmente cuando se fabrican los nuestros. Se puede usar una simple tira de pH para probar la acidez o alcalinidad de un producto. Normalmente, las tiras de pH se volverán diferentes tonos de rojo y naranja si un producto es ácido o azul y verde si un producto es alcalino. Si un producto que preparamos cae en el rango alcalino (la tira reactiva se vuelve azul o verde), será necesario bajar el pH. Esto se puede hacer añadiendo unas gotas de ácido cítrico o ácido láctico *(La piel y el pH-medición, escala y cosméticos,* 2021). Si el pH es demasiado ácido (la tira reactiva es roja o naranja), el pH se puede elevar con un álcali como el bicarbonato. Debe diluirse y agregarse en pequeñas gotas hasta obtener el pH deseado. La siguiente tabla muestra los niveles de pH recomendados de los productos típicos para el cuidado de la piel:

Producto	*Nivel de pH recomendado*
Exfoliantes que contienen alfa hidroxiácidos	3–4
Humectantes	5–7
Limpiadores	4.5–7
Sueros	4–6
Tónicos	5–7

Los niveles adecuados de pH en nuestros productos para el cuidado de la piel aseguran que la barrera lipídica permanezca intacta y que la humedad se retenga en la piel. Esto da como resultado una piel más fuerte y más resistente cuando se enfrenta a contaminantes externos e irritantes. Las cremas y geles hidratantes diurnos ayudan a proteger la piel contra la contaminación, el clima y los productos químicos que se encuentran en el maquillaje. Las cremas reparadoras y los geles nutritivos son más efectivos cuando la piel se relaja y descansa, estos se usan mejor por la noche.

Las formulaciones que descubrirás en este libro son hipoalergénicas y contienen conservantes mínimos. Las pequeñas dosis de conservantes utilizados en las formulaciones son suficientes para preservar la integridad de nuestras creaciones cosméticas, protegiéndolas del deterioro por agentes externos. Además, tenemos la opción de controlar la cantidad de fragancia, o podemos omitirla por completo sin afectar la integridad del producto. En el capítulo 5, analizaremos más de cerca las alternativas de conservantes naturales que puedes usar si tu piel es propensa a reacciones alérgicas o irritación. Tiene sentido económico que las marcas de productos comerciales almacenen sus existencias a gran escala, pero eso también significa que tienden a usar altas concentraciones de conservantes. Esto descalifica a la mayoría de los productos de la clasificación hipoalergénica, y cuando los productos hipoalergénicos llegan al mercado, tienden a ser bastante caros.

Por lo tanto, tiene sentido en dos niveles crear nuestros propios productos. Primero, sabemos exactamente lo que va dentro del producto, por lo que no hay sorpresas desagradables para nuestra delicada piel. En segundo lugar, fabricar nuestros propios productos puede ser más rentable. Como beneficio adicional, si desarrollas una habilidad especial para crear productos amantes de la piel, esta actividad puede convertirse en un negocio lucrativo. Pero antes de adelantarnos, primero aprenderemos más sobre el centro de trabajo y los suministros que necesitaremos, un tema que cubriremos en el próximo capítulo.

· ❤ · ❤ · ❤ · ❤ · ❤ ·

2

Centro de trabajo y suministros

hora que tenemos una mejor comprensión de las necesidades básicas de nuestra piel en función de su tipo y pH, podemos dar el primer paso hacia la creación de productos saludables para la piel que retrasarán los efectos del envejecimiento. No te preocupes, crear estos productos no reducirá tu presupuesto de viaje. Hablando de viajes, es posible que te sorprendas al saber que los hispanos tienen un poder adquisitivo impresionante, aproximadamente $ 1.5 billones en 2019, de los cuales gastamos colectivamente $ 73 mil millones en viajes (Saffari, 2019). Los principales productos que los hispanos que viajan tienden a comprar incluyen electrodomésticos, ropa, calzado, productos electrónicos y cosméticos (Ruiz, 2016). ¡Así que aprender a crear tus propios cosméticos de calidad puede liberar un poco más de ese presupuesto de viaje!

En el capítulo 6, echaremos un vistazo a una amplia variedad de extractos botánicos y cómo se pueden utilizar como ingredientes activos en los productos que creamos. Los extractos botánicos de grado cosmético son relativamente fáciles de encontrar en el mercado actual, pero podemos canalizar nuestra diva interior de bricolaje y crear estos ingredientes fácilmente desde cero. El uso de extractos botánicos que creamos nosotros mismos tiende a tener un impacto muy significativo en la piel. He creado extractos botánicos durante varios años y los he utilizado para crear cosméticos y tratar a mis pacientes. ¡Los resultados hablan por sí solos! En este libro, encontrarás todas las mejores plantas y frutas que podemos usar para crear extractos que agregaremos a nuestras formulas cosméticas. Estos extractos se pueden adaptar y combinar de acuerdo con las necesidades de tu piel.

En general, todos los productos para el cuidado de la piel y cosméticos contienen los mismos componentes básicos. Solo necesitamos comparar los ingredientes de nuestras marcas favoritas de cuidado de la piel para ver que esto es cierto. ¡Sí, incluso esa crema milagrosa que nuestra *tía* recomendada tiene los mismos componentes básicos! Lo importante es la calidad de la materia prima utilizada. Tenemos que asegurarnos de que estamos utilizando la mejor calidad posible al crear nuestros propios productos. Los ingredientes de calidad son los que distinguen a la mayoría de las marcas de celebridades de skincare de las marcas de farmacias poco fiables.

Hablando de marcas de cuidado de la piel, en 2022, se proyectó que los ingresos mundiales por la venta de cosméticos superarían los $ 100 mil millones, y el mercado estadounidense representó $ 18 mil millones de estos ingresos (Killip, 2022). Este crecimiento se debe en parte a la capacidad de la industria cosmética para reinventarse y utilizar tecnologías emergentes. De hecho, la industria cosmética es una de las pocas industrias que han superado la crisis financiera mundial de 2008 y ha seguido creciendo más fuerte año tras año (Williams, 2016). ¿Qué puedo decir? ¡Amamos tanto nuestras marcas de cuidado de la piel que estamos dispuestos a salvarlas del pozo oscuro de la recesión!

Otro factor que influye en el fuerte crecimiento de los cosméticos es el aumento de la esperanza de vida y las formas actuales de consumo por parte de las nuevas generaciones. Todo esto se traduce en un negocio altamente rentable basado en la demanda y el consumo masivo. Naturalmente, podemos preguntarnos por dónde debemos empezar en el proceso de creación de nuestros propios cosméticos.

· ♥ · ♥ · ♥ · ♥ · ♥ ·

Ingredientes cosméticos

Un buen punto de partida es familiarizarse con los ingredientes comunes utilizados en las formulaciones cosméticas. Todas las formulaciones cosméticas están compuestas de excipientes, ingredientes activos y aditivos. Estos ingredientes tienen características específicas y se complementan entre sí para crear el producto deseado. Explicaré cada uno de estos ingredientes a continuación.

- **Excipientes:** Este es el componente en cosmética en el que se disuelven o mezclan nuestros principios activos. Sirve como vehículo para el uso del producto y le da forma así como el aspecto final. Los excipientes se pueden combinar para lograr la textura deseada. El excipiente más utilizado es el agua, sin embargo, puede ser necesario alcohol, propilenglicol, glicerina, tensioactivos, geles y acetonas, dependiendo del producto que estamos creando.

- **Principio activo:** Este ingrediente se encarga del cuidado de nuestra piel y del efecto que queremos conseguir con el producto, por ejemplo, antienvejecimiento, aclaración de la piel, hidratación, etc. Los ingredientes activos son el ingrediente principal del producto y están presentes en pequeñas cantidades. Hay dos razones para ello. En primer lugar, los ingredientes activos están altamente concentrados, por lo que un poco ayuda mucho. En segundo lugar, los ingredientes activos pueden ser bastante caros, por lo que no queremos desperdiciar ingredientes preciosos usando más de lo necesario. Los extractos, ácidos y péptidos son ejemplos de ingredientes activos comúnmente utilizados para lograr un efecto tensor en productos para el cuidado de la piel. Las formulaciones pueden tener más de un ingrediente activo para complementar los beneficios del producto. Además, debemos tener en cuenta que los ingredientes activos no están escritos en piedra. Lo que es un ingrediente activo en un producto puede ser un excipiente o aditivo en otro producto.

- **Aditivos:** Los aditivos no son esenciales para la formulación de productos cosméticos, pero mejoran la presentación final dando color, aroma y protegiendo el producto del deterioro prematuro. En la categoría de aditivos, encontraremos conservantes antimicrobianos (que evitan la formación de hongos y bacterias en productos cosméticos), colorantes (que le dan color al producto) y perfumes que le dan al producto final un aroma agradable.

· ❤ · ❤ · ❤ · ❤ · ❤ ·

Estación de Trabajo

Ahora que tenemos una mejor comprensión de los ingredientes comunes en las fórmulas cosméticas, podemos pasar al segundo paso: garantizar que nuestra estación de trabajo esté a la altura de la tarea. Esta sección te ayudará a resolver las cosas, para que puedas crear formulaciones cosméticas como una profesional.

En la fabricación de cosméticos de bricolaje, necesitamos un espacio dedicado y algunos utensilios simples. Lo ideal es dedicar una pequeña habitación a nuestras creaciones cosméticas. ¡No intentes crear cosméticos en la cocina, a menos que quieras que tus cremas y geles se infundan con *la cocina de la abuela*! Aquí hay un consejo profesional: siempre mantén tu equipo de cosméticos separado y úsalos exclusivamente para la fabricación de los mismos. Hacerlo garantiza que tus creaciones estén libres de contaminantes innecesarios que pueden afectar la calidad y pureza del producto. Mantén las cosas prácticas comenzando con el equipo básico. Siempre puedes agregar nuevos materiales a medida que ganas experiencia y confianza en tus creaciones.

Mesa de Trabajo y Almacenamiento

Un espacio dedicado es necesario para comenzar nuestro viaje hacia la fabricación de cosméticos. Como mínimo, necesitarás una superficie o mesa limpia y plana para trabajar. El espacio en el que puedes trabajar debe estar libre de corrientes de aire y humedad. Necesitarás un armario y cajas pequeñas para mantener los ingredientes organizados y de fácil acceso.

Pesaje

En la mayoría de los líquidos, aparte del agua y los hidrosoles, un mililitro no equivale a un gramo. Esto se debe a que los líquidos tienen diferentes densidades. Por esta razón, siempre debemos pesar los ingredientes, incluidos los líquidos. Al usar una fórmula en porcentaje por peso, debemos tener en cuenta que el peso de todos los ingredientes que estamos utilizando en esa fórmula suma 100 gramos. Algunas fórmulas pueden ser inestables cuando la proporción de ingredientes está apagada, por lo que pesar los ingredientes elimina muchos problemas potenciales.

Lo mejor es ganar experiencia creando pequeños lotes de cada fórmula, por lo que necesitará una escala pequeña y sensible. La báscula ideal debe poder pesar un mínimo de 0,1 gramos y un máximo de un kilogramo. Estas básculas pueden ser costosas, pero una opción práctica y económica sería invertir en una báscula de cocina pequeña y sensible. Esta báscula debe ser capaz de pesar un mínimo de 0,01 gramos y un máximo de 100 gramos.

Procesado en Polvo

Los molinillos de café son las herramientas de elección cuando se trata de hacer polvos cosméticos. El molinillo de café debe usarse exclusivamente para tu laboratorio de cosméticos.

Agitación

Los batidores de vidrio y las espátulas con cuchara son herramientas insustituibles. Opta por los metálicos cuando surja la oportunidad. Las espátulas de silicona son útiles en el proceso de envasado y nos ayudan a vaciar bien el vaso de preparación, evitando el desperdicio.

Mezcla

Las batidoras se utilizan para mejorar la textura y sensación de un producto, aumentando la estabilidad de este. Necesitarás una licuadora con la mayoría de los emulsionantes. Para pequeñas cantidades de 100 gramos o menos, lo mejor es usar una mini licuadora para cosméticos. Un espumador de café se puede utilizar como sustituto en este caso. El único inconveniente es que un espumador de café puede detenerse al mezclar cremas espesas. Para evitar esto, asegúrate de que las baterías estén bien cargadas de antemano.

Para cantidades más grandes (500 gramos o más) una licuadora de inmersión es la herramienta ideal y a menudo viene con accesorios. El molinillo se puede utilizar en la fabricación de polvos cosméticos, mientras que la hélice puede emulsionar cremas.

Algunas licuadoras vienen con un homogeneizador y un desprendimiento. Esto se puede utilizar para hacer cremas suaves y sedosas. El accesorio suele ser bastante grande y se puede usar para hacer grandes lotes (un kilogramo o más) de crema a la vez.

Las batidoras de mano son útiles para mezclar polvos en bombas de baño, geles, champús sólidos, exfoliantes, champús líquidos y cremas.

Herramientas Térmicas

Una placa caliente o vitrocerámica se utiliza para varios aceites, ceras, mantequillas y aceites esenciales. En aras de la seguridad, nunca uses una llama abierta alrededor de estos ingredientes, ya que son combustibles. Aquí no se necesita nada especial, una placa de cerámica o placa caliente funcionará perfectamente. Si tienes tu corazón puesto en obtener una herramienta de calor dedicada para sus laboratorios de cosméticos, opta por una placa de cerámica de vidrio. Hace que la limpieza sea muy fácil.

Las sartenes también serán necesarias, especialmente cuando se preparan grandes lotes de producto. Los sartenes con lados altos pueden ayudar a prevenir muchos derrames y desastres. Además, podemos usarlos para hacer un baño maría al calentar ingredientes.

El vidrio no debe exponerse al calor directo, ya que la base se calentará mucho más que el resto del recipiente, sobrecalentando los ingredientes que contiene. Por esta razón, un baño de agua o baño maría se convertirá en una herramienta indispensable a la hora de crear productos cosméticos. Podemos calentar ingredientes en microondas en un apuro, pero no se aconseja. Los microondas no calientan los ingredientes de manera uniforme, dejando puntos fríos en algunas áreas y sobrecalentando otras.

Cuando los ungüentos, bálsamos sólidos y cremas se preparan calientes, necesitaremos un termómetro para obtener una lectura precisa de la temperatura. Hay muchos modelos diferentes disponibles en el mercado. Los termómetros de varilla y los digitales tienden a ser baratos, pero tardan más en obtener una lectura de temperatura. Si los usas, deberás mantener el dispositivo limpio. Los más rápidos son los termómetros infrarrojos, y tienden a ser más precisos. La ventaja adicional es que no hay varillas de metal que deban limpiarse entre lecturas.

Contenedores de Vidrio

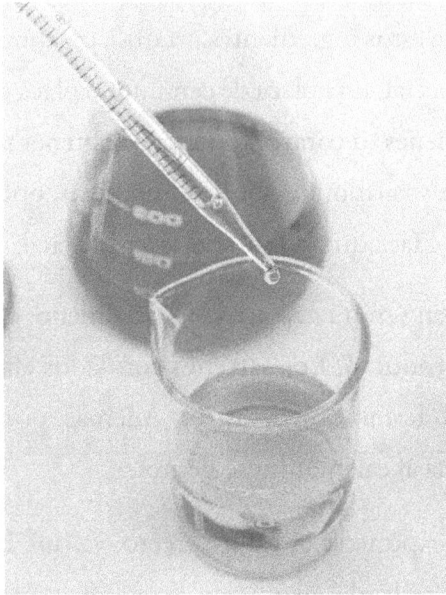

Al crear ciertos productos, es posible que necesitemos calentar los ingredientes, lo que hace que la calidad de los vasos sea muy importante. Asegúrate de que los vasos de precipitados que usas estén hechos de vidrio, idealmente Pyrex o una alternativa adecuada como Duran o borosilicato. De estos, los vasos de vidrio de borosilicato son los más fáciles de encontrar. El tipo de vidrio del que está hecho el vaso de precipitados se indicará en el mismo.

Para lotes pequeños (100 gramos), usaremos una gama de vasos de precipitados con frecuencia. Los volúmenes de vaso de precipitados de 50 ml, 100 ml, 250 ml y 500 ml serán muy útiles. Estos vasos tienden a ser baratos, por lo que es una buena idea abastecerse. Aquí hay una pista: cuando compres vasos de precipitación, busca vasos altos y con pico. ¡Se vierten mejor!

Tazones de Mezcla, Líquidos y Herramientas de Envasado

Una gama de tazones que pueden acomodar volúmenes entre 300 ml y 2 litros resultará muy útil. Estos tazones serán útiles al preparar bombas de baño, champús sólidos o al mezclar polvos. Los tazones de cocina regulares son adecuados para usar.

Las pipetas de plástico son prácticas y se pueden reutilizar hasta que se rompan. No te preocupes, tienden a durar mucho tiempo y deben limpiarse con alcohol. Para líquidos ligeros y aceites esenciales, busca pipetas de 1 ml. Para los extractos, las pipetas de 3 ml son útiles. Los ingredientes viscosos siempre dejan algo en una pipeta, así que ten cuidado. Para ingredientes viscosos, las jeringas son las mejores.

Las jeringas son extremadamente útiles cuando se crean cosméticos. Podemos usar jeringas para ajustar el peso de los ingredientes con precisión. Opta por jeringas con émbolos de plástico si son más duraderas. Los émbolos con punta de goma eventualmente se hinchan y se rompen, especialmente cuando usamos mucho la jeringa para aceites esenciales, extractos y otros ingredientes líquidos. La capacidad de la jeringa varía, pero las jeringas de 2 ml, 5 ml y 10 ml son las que más se utilizan.

Los embudos son útiles para llenar botellas. Aquí no se necesita nada especial, los embudos de plástico o acero inoxidable (uno pequeño y otro mediano) harán el trabajo. Usar un embudo es más confiable (y menos desordenado) que meter líquidos en una botella.

Las bolsas de pastelería son útiles cuando necesitamos empaquetar cremas espesas sin obtener bolsas de aire. La bolsa de pastelería debe llegar al fondo del recipiente, llenándolo uniformemente. Las bolsas de plástico,aunque desechables, se pueden reutilizar. Al reutilizar estas bolsas, asegúrate de limpiarlas a fondo para eliminar todos los restos del producto.

Indicadores de pH

Como ya descubrimos, el pH de los productos que creamos es crucial, ya que pueden tener un impacto en la salud general de nuestra piel. Afortunadamente, los papeles y tiras de pH son herramientas asequibles y de acción rápida que podemos usar. Estas tiras pueden medir el pH entre diferentes rangos. En general, el papel de pH que mide el rango completo (pH de 1-14) y un rango medio (pH de 4-8) se usará más en preparaciones cosméticas. Las tiras reactivas o tiras indicadoras tienden a ofrecer lecturas de pH más precisas que los papeles de prueba.

Empaque y Etiquetado

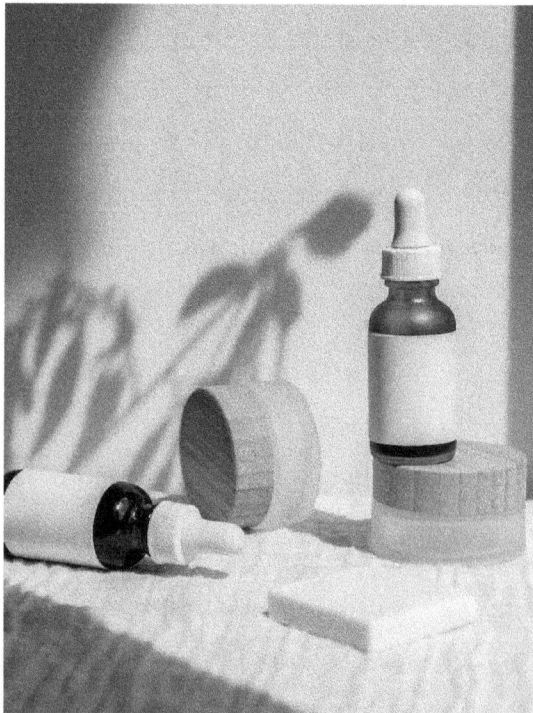

Se necesitará un surtido de botellas y recipientes para envasar y almacenar los productos e ingredientes. Se prefieren las botellas azules, ámbar o negras, ya que proporcionan una mejor protección para los ingredientes cosméticos contra la luz. Los recipientes y botellas de plástico se usan comúnmente, pero el aluminio y el vidrio también son buenas opciones. Se necesitarán botellas y frascos de diferentes tamaños, los volúmenes más comunes en los que confiarás son 20 ml, 50 ml y 100 ml. Ten una buena selección de botellas y frascos a mano: botellas de spray, bombas dosificadoras y moldes para lápices labiales y barras sólidas.

Acostúmbrate a etiquetar cada botella con el contenido y la fecha de fabricación. Ten en cuenta que los aceites vegetales y los aceites esenciales pueden borrar algunas tintas, por lo que es mejor usar marcadores permanentes en la etiqueta.

Equipo de Protección y Desinfección

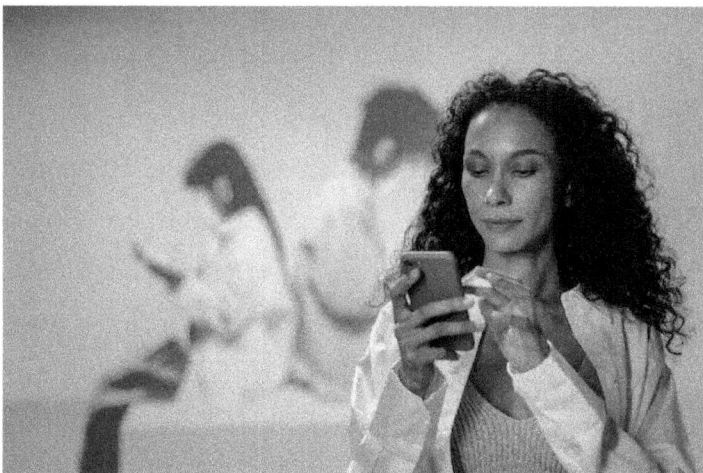

Pueden ocurrir accidentes y derrames, pero un delantal o bata de laboratorio ayudará a salvar tu guardarropa. ¡Nadie quiere que la mica o los ingredientes aceitosos se derramen sobre tu parte superior favorita! Es una buena idea usar una gorra sanitaria desechable también para evitar que los pelos perdidos terminen en esa crema en la que has estado trabajando tan duro. Al hacer champús sólidos, bombas de baño o cuando estamos mezclando polvos, lo mejor es tener guantes, gafas de seguridad y una máscarilla a mano. Los surfactantes en polvo pueden irritar nuestros ojos y membranas mucosas. Mantén un rollo de papel de cocina cerca de él, te será más útil de lo que crees.

¡Mantener tus superficies de trabajo y equipos limpios y desinfectados es un paso crucial! Los cosméticos naturales pueden contener extractos, jugos y otros ingredientes en los que se pueden desarrollar microorganismos. Por esta razón, las medidas de higiene y la desinfección regular de los equipos utilizados son esenciales. Esto ayuda a eliminar posibles microbios y contaminantes en los materiales que estamos utilizando, lo que resulta en un producto cosmético de mayor calidad.

Para una limpieza a fondo, se recomienda lavar los materiales. A partir de aquí, los materiales se pueden almacenar en una caja hasta que sea necesario. Con el siguiente uso, rocía los materiales con un aerosol de alcohol fuerte. Para hacer el aerosol, diluye siete partes de alcohol de alta graduación en tres partes de agua. Deja que los materiales se sequen al aire antes de usar. El vodka no es lo suficientemente fuerte como para usarlo para este propósito. Alternativamente, los materiales se pueden sumergir en un material líquido esterilizante (sigue las instrucciones del proveedor para obtener mejores resultados). Siempre trata de crear cosméticos en un espacio libre de corrientes de aire para reducir la posibilidad de contaminación. Las superficies de trabajo deben limpiarse con agua y jabón, seguido de un aerosol esterilizante de alcohol.

· ♥ · ♥ · ♥ · ♥ · ♥ ·

Ingredientes necesarios para un laboratorio de cosméticos

Tener el equipo adecuado es importante al configurar tu espacio de trabajo, y el mismo cuidado y tolerancia debe extenderse a los ingredientes utilizados. Los buenos cosméticos se pueden producir con ingredientes simples. Aprender a conservar los ingredientes es clave para crear productos duraderos y de calidad. Para extender la vida útil de los productos, necesitamos agregar conservantes, especialmente cuando tenemos la intención de vender nuestras creaciones. Siempre revisa las fichas técnicas de los conservantes e ingredientes sintéticos que desees utilizar para obtener una buena comprensión de las propiedades del ingrediente y los posibles sustitutos. Estos productos y materias primas generalmente se pueden almacenar en un lugar fresco y seco que esté lejos de la luz solar directa. Los productos cosméticos se crean para diferentes propósitos, por lo que los ingredientes pueden variar.

Los ingredientes cosméticos naturales se pueden organizar en dos grandes categorías, es decir, ingredientes estructurales y activos. Los ingredientes estructurales son emulsionantes, espesantes, aceites, correctores de pH, estabilizadores, hidrosoles, conservantes y agua destilada. Los ingredientes activos incluyen vitaminas, antioxidantes y protectores solares.

En estas formas, los ingredientes estructurales sirven como transportadores de los ingredientes activos, ayudándolos a llegar a la piel. Los ingredientes estructurales también son responsables de la extensibilidad, viscosidad y sensación del producto en nuestra piel. ¡No hay escasez de opciones con todos los diferentes productos disponibles en el mercado!

· ♥ · ♥ · ♥ · ♥ · ♥ ·

Comprender la solubilidad de los ingredientes

El éxito de nuestro producto final a menudo depende de qué tan bien conocemos nuestros solubles. Saber qué ingredientes son solubles en agua o en aceite puede ahorrarnos muchos lotes fallidos. Esta sección te enseñará todo lo que necesitas saber sobre el tema.

Soluble en Agua

Los ingredientes de esta categoría se pueden calentar a 70ºC. El agua es un disolvente común en la cosmética natural y se puede utilizar con otros ingredientes a base de agua. Podemos usar fácilmente agua, hidrosoles, gel de aloe vera y otros ingredientes solubles en agua en la misma formulación. Aquí hay una lista de ingredientes solubles en agua que se usan comúnmente:

Hidrosoles/hidrolatos: Estos ingredientes se utilizan para reemplazar parcial o completamente el agua destilada. Utilizamos hidrosoles para preparar tónicos, geles corporales, champús y emulsiones. Los hidrosoles son comúnmente a través de la destilación con agua o vapor de diferentes tipos de materiales vegetales.

- **Cremas hidratantes:** Su propósito es para ayudar a la piel a retener agua. La glicerina, la urea, el sorbitol, el lactato de sodio, el ácido hialurónico y la betaína son ingredientes hidratantes de uso común. Estos ingredientes se utilizan mejor en fórmulas con una fase acuosa. La fabricación de cosméticos implica diferentes fases, pero se explican un poco más tarde.

- **Espesantes:** Los espesantes hidrófilos son los que dan a los geles corporales, sueros, champús y emulsiones su textura y viscosidad. La goma xantana, la goma de tara, la goma guar, el esclerocio, la carboximetilcelulosa, la hidroxietilcelulosa o la hidroxipropil-metilcelulosa se usan comúnmente.

- **Surfactantes:** Estos ingredientes limpian nuestra piel y cabello. Se usan comúnmente en champús, geles de ducha y agua micelar. El glucósido de coco, el decilglucósido y la betaína de coco (Co-camidopropyl betaine) son ingredientes de uso común.

Soluble en Aceite

Los ingredientes de esta categoría tienen un efecto emoliente, dando flexibilidad y suavidad a la piel. Los ingredientes son típicamente aceites vegetales o mantequillas.

- **Aceites vegetales:** A menudo se usan en aceites faciales y corporales, ungüentos, sueros y cremas. Los aceites alimenticios como el girasol, la soja, el coco o el aceite de oliva se usan comúnmente. Otros aceites vegetales incluyen coco fraccionado, macadamia y aceites de nueces, mora y jojoba.

- **Mantequillas:** Estos ingredientes tardan más en ser absorbidos por la piel y proporcionan un efecto hidratante más profundo. La desventaja es que pueden dejar una sensación grasosa detrás. Las mantequillas más comunes utilizadas son karité, cacao, mango, babassú y aguacate. Las mantequillas se pueden usar con aceites en la misma formulación cosmética, pero deben calentarse de antemano para mezclarse uniformemente.

Espesantes Grasos y Ceras

Estos ingredientes son muy espesantes y se usan comúnmente en ungüentos y productos en barra. Estos ingredientes también se pueden utilizar para hacer cremas y aceites de una consistencia más espesa. Las ceras comúnmente utilizadas incluyen abeja, arroz, soja, carnauba y candelilla. Los espesantes que se favorecen incluyen alcohol cetearílico, alcohol cetílico, palmitato de cetilo y ácido esteárico, ya que imparten una sensación menos grasa al producto.

Emulsificantes

Estos ingredientes son cruciales cuando necesitamos hacer leches y cremas. Para simplificar el proceso, podemos hacer uso de bases autoemulsionantes prefabricadas. Esto nos da la libertad de centrar nuestra atención en la selección de ingredientes activos. Ten en cuenta las especificaciones del proveedor al crear tus productos. El objetivo es mantener la estabilidad y consistencia del producto final. La mayoría de las formulaciones prefabricadas son fáciles de reconocer: son blancas, sólidas y amantes de la piel.

Ingredientes Termolábiles

Los ingredientes de esta categoría deben mantenerse a salvo de las altas temperaturas. Las vitaminas, antioxidantes y conservantes son algunos de los ingredientes que entran en este grupo.

- **Antioxidantes, quelantes y tampones:** Estos ingredientes son necesarios cuando una fórmula está en riesgo de autoxidación. Esto es cuando la oxidación ocurre sin ninguna ayuda adicional de nuestro lado. Los jugos, pigmentos y vitaminas son algunos de los ingredientes que entran en esta categoría. Los quelantes son responsables de eliminar los metales pesados que pueden contaminar una formulación, mientras que los tampones químicos ayudan a mantener estable el pH de una emulsión. Los ingredientes solubles en agua que se utilizan de esta manera incluyen ácido cítrico, ácido láctico, gluconato de sodio, ácido fítico y vitamina B3. La vitamina E es un antioxidante especial, es soluble en grasa y a menudo se usa para extender la vida útil de las mantequillas y aceites.

- **Aceites esenciales:** Estos proporcionan aroma y muchas propiedades cosméticas poderosas. El aroma es una cuestión de gusto personal, pero puede ser una de las cosas más complicadas para ajustar en cosmética natural. Cada ingrediente aporta algo al olor del producto final. Los aceites esenciales populares utilizados en cosméticos incluyen rosa, geranio, mandarina, limón, bergamota, romero, ylang-ylang y palo de rosa. Cuando agregues aceites esenciales a una formulación, hazlo poco a poco, de lo contrario, tu producto podría tener un olor muy abrumador.

- **Reguladores de pH:** El pH de la mayoría de los cosméticos necesita ser ajustado. Para bajar el pH de una formulación, se utilizan ácido láctico y ácido cítrico. Diluye en agua en una proporción de 20-50% y agrega una gota a la vez al ajustar el pH. Para elevar el pH, se utiliza sosa cáustica, potasa cáustica o bicarbonato. Diluye en una proporción de 20-50% en agua y usa una gota a la vez para ajustar el pH.

- **Extractos de plantas:** Los ingredientes de esta categoría tienen propiedades cosméticas beneficiosas. Normalmente se utilizan extractos glicéricos, extractos secos u oleatos. Si utilizas extractos secos, ten en cuenta que debes disolverlos previamente en una pequeña cantidad de agua o hidrosol antes de agregarlo a la formulación. Hay muchos tipos de extractos de plantas para elegir, así que selecciona los que sean apropiados para el tipo de cosmético que te gustaría crear.

- **Conservantes:** Cruciales en cosméticos que tienen una fase acuosa. Los productos que contienen jugos, extractos de frutas y tés de hierbas necesitan conservantes, ya que pueden contaminarse fácilmente con moho y bacterias. Lo mejor es añadir conservantes a tus cosméticos después de ajustar el pH, y la emulsión se enfríe a 45ºC. Los conservantes más utilizados incluyen ácido benzoico y benzoato de sodio (0,1-0,5%), alcohol bencílico (0,3-1%), ácido sórbico (0,1-0,5%) y sorbato de potasio (0,1-0,3%).

- **Vitaminas:** Estos ingredientes no son negociables y no pueden faltar en tus formulaciones. Son ingredientes regenerativos, protectores de la piel y antioxidantes. Todas las vitaminas generalmente se agregan en la fase termolábil de fabricación, pero hay algunas excepciones. El palmitato de vitamina B3, A y C tiene altos puntos de fusión y son solubles en grasa. Debido a su naturaleza resistente al calor, es mejor agregarlos a la fase de fabricación de aceite caliente. Pronto aclararé las diferentes fases de la producción de cosméticos.

- **Activos de acción específicos:** Estos ingredientes se utilizan para potenciar la acción de un cosmético. Blanqueamiento cutáneo, antioxidantes, fragancias cutáneas y formulaciones antiarrugas son algunas de las funciones que podemos añadir a los cosméticos con estos ingredientes. Algunos ejemplos comunes son la coenzima Q10, la cafeína, la ceramida activada, el ácido kójico y la alantoína. Consulta las instrucciones de tu proveedor / vendedor para el uso adecuado y la dosificación de estos ingredientes.

Fases de la Producción Cosmética

Muchas formulaciones cosméticas se hacen creando emulsiones (una mezcla de aceite y agua). El proceso generalmente comienza con el calentamiento de los ingredientes solubles en agua a una temperatura entre 75-80 ° C. Esta es la fase del agua. Dependiendo del producto que estemos elaborando, es posible que necesitemos premezclar un espesante para añadir al agua junto con los demás ingredientes.

La fase oleosa comienza en un recipiente separado. Los ingredientes en este recipiente se calientan a 75-80°C, esto incluye emulsionantes y emolientes. Estos pasos de calentamiento y mezcla en la fase de aceite a menudo utilizan un impulsor de hélice para entregar un producto final homogeneizado.

Cuando los ingredientes solubles en agua y aceite se calientan, se pueden combinar para crear una emulsión. Tan pronto como logremos una mezcla uniforme en el producto, se puede enfriar agitando. Después de que los ingredientes se hayan enfriado a una cierta temperatura, se pueden agregar los ingredientes restantes para terminar el producto. Esto incluye conservantes, fragancias y ajustes de pH. He desglosado los pasos que debemos seguir para formar una emulsión infalible a continuación:

- **Fase acuosa:** Este es a menudo el primer paso e implica que los ingredientes solubles en agua se calienten a temperatura.

- **Fase de aceite:** Este es el segundo paso. Aquí calentamos ingredientes solubles en grasa, emolientes o estearato de glicerilo a temperatura utilizando un recipiente separado.

- **Fase de emulsión:** Cuando se calientan los ingredientes solubles en agua y aceite, podemos combinarlos para crear una emulsión. Utiliza un impulsador para mezclar los líquidos en una mezcla homogénea durante al menos 20 minutos (*Emulsion Mixing with Cosmetics,* s.f.)

- **Fase de enfriamiento:** Este es el cuarto paso. Después de mezclar la emulsión durante 20 minutos, el impulsor de la hélice se puede reemplazar con un impulsador de ancla para ayudar a que la mezcla se enfríe uniformemente. Continuar mezclando la emulsión hasta que se enfríe a 30 °C.

- **Ingredientes sensibles a la temperatura:** Cuando la mezcla se enfría, podemos agregar ingredientes sensibles a la temperatura, como conservantes, colorantes y fragancias al producto.

- **Ajuste del pH:** Este es el último paso. Prueba el producto y ajusta el pH según sea necesario.

Sigue estos pasos cada vez y estarás en camino de crear cremosas emulsiones de ensueño. Después de este capítulo, deberías estar casi lista para comenzar a crear cosméticos de calidad. Ahora todo lo que necesitas es una sólida comprensión de la química cosmética y los principios que la sustentan, un tema que exploraremos en el próximo capítulo.

· ❤ · ❤ · ❤ · ❤ · ❤ ·

3

Principios de la química cosmética

En el capítulo anterior, echamos un vistazo de cerca a los ingredientes que necesitaremos para diferentes productos cosméticos. Como sabemos, los productos cosméticos tienen diferentes texturas y formas. Cada una de estas texturas nos dice algo sobre la proporción de los ingredientes utilizados en el producto final. Existen diferentes formas cosméticas, pero las que trataremos regularmente son las siguientes:

- **Soluciones acuosas (hidrófilas):** Son productos líquidos, generalmente un solvente, en los que se disuelven otros componentes. El agua es frecuentemente un componente principal en estas soluciones, como en el caso de las esencias, limpiadores de espuma y tónicos.

- **Soluciones oleosas (lipofílicas):** Estos líquidos son aceitosos al tacto, como aceites faciales, aceites limpiadores y bálsamos.

- **Geles:** Estos productos semisólidos tienen una textura fresca. Los ejemplos aquí incluyen cremas en formato gel y gel de aloe vera. Los geles son en realidad líquidos con un agente gelificante. Este agente gelificante actúa como una red, atrapando las moléculas de agua y manteniendo el líquido suspendido. La cantidad y el tipo de agente gelificante afectarán la viscosidad del producto final.

- **Emulsiones:** Son mezclas de ingredientes a base de agua y aceites con la ayuda de emulsionantes. La textura de una emulsión puede variar, desde ligera hasta lujosamente rica y no depende de los ingredientes que utilicemos. Las emulsiones son útiles para proporcionar humedad a la piel, prevenir su pérdida y aportar emolientes.

Los cosméticos pueden tomar diferentes formas, por lo que debemos tener en cuenta que la función de los ingredientes también puede cambiar. La vitamina C es un buen ejemplo de esto. En una formulación, se puede usar como antioxidante, mientras que otra formulación podría usarlo como aditivo en su lugar.

· ♥ · ♥ · ♥ · ♥ · ♥ ·

Componentes Cosméticos

Hay muchos ingredientes activos que podemos usar en soluciones cosméticas, incluidos suavizantes, acondicionadores, abrasivos, detergentes, protectores solares, tintes, pigmentos y perfumes. Algunos de los ingredientes más utilizados incluyen extracto de avena, mentol, estearato de zinc, lanolina, carbonato de calcio, sílice de dióxido de carbono, glicerol y ácido ascórbico.

Aparte de los ingredientes activos, el excipiente utilizado es el segundo ingrediente más importante en una formulación cosmética. Los excipientes pueden estar compuestos por una o más sustancias en las que se mezclan todos los ingredientes del cosmético, por lo que es lógico que el excipiente deba ser compatible con nuestros ingredientes. El excipiente más utilizado es el agua, pero también se utilizan sustancias grasas. El agua, el aceite y la grasa son suaves para la piel, siendo totalmente compatibles con la secreción natural de agua y sebo de nuestra piel.

Los excipientes pueden cumplir diferentes funciones, actuando como ingredientes activos, correctores o aditivos en diferentes productos. Por ejemplo, la acetona en el removedor de esmalte de uñas es tanto un ingrediente activo como un solvente. En otro ejemplo, la lanolina a menudo se puede encontrar como ingrediente activo en mascarillas nutritivas, pero se puede usar como corrector de viscosidad en cremas hidratantes. Todo depende del excipiente utilizado. A grandes rasgos, cuando el excipiente utilizado es principalmente agua, podemos esperar que el cosmético tenga un aspecto líquido. Con grasas y aceites como excipientes, los cosméticos adoptan una sensación y apariencia más densas. Los excipientes pueden ser bastante complejos, algunos pueden ser monofásicos mientras que otros son polifásicos. Echemos un vistazo más de cerca a las diferencias entre los dos.

- **Excipientes monofásicos:** Aquí el líquido contiene dos componentes principales (el soluto y el disolvente). Las sustancias se dispersan uniformemente en el excipiente, formando una solución homogénea. El agua destilada es un excelente ejemplo de un excipiente monofásico.

- **Excipientes polifásicos:** Los geles, emulsiones, cremas

hidratantes y mascarillas requieren el uso de un emulsionante o surfactante para obtener el resultado final deseado y
se conocen como excipientes polifásicos. Sí, ese suero que a
veces raspamos de nuestro paquete de mascarilla facial favorito
cuenta como un excipiente polifásico.

Aditivos

Los aditivos son ingredientes utilizados para conservar, perfumar y
colorear productos cosméticos. No son cruciales para la formulación y
función del cosmético, pero pueden ayudar a aumentar la durabilidad
y el atractivo del producto, por lo tanto, pueden ser un gran aliado en
el caso de comercializarlos. Los antimicrobianos, los antioxidantes y el
alcohol se encuentran entre los aditivos más utilizados en los productos
cosméticos. Su propósito es ayudar a preservar los ingredientes activos
utilizados en los cosméticos y prevenir la descomposición general del
producto.

Los aditivos también se utilizan para dar color y aroma a un producto.
Ten en cuenta que debe haber una asociación entre el color y el aroma
de tus creaciones cosméticas. Esta es la razón por la cual las lociones
y cremas con un color rosa claro siempre tienen un aroma a almizcle,
rosa o fresa. ¡Imagínate cuál sería tu reacción si te encontraras con una
crema de color púrpura que huele a naranjas! *¡Ay! ¡Qué susto!*

Hemos llegado a asociar ciertos aromas con ciertos colores, por lo que
combinar un aroma y un color debe tener sentido. Los aditivos pueden
desencadenar alergias, así que úsalos con cuidado al formular cosméticos.
Echa un vistazo más de cerca a la etiqueta de tu cosmético favorito, puedes
notar que los aditivos y correctores están indicados de manera extraña.

Estos ingredientes se indicarán por su nombre o con una *E* seguida de un número. Generalmente, esos números E significan lo siguiente:

- E-100 a E-200: El ingrediente utilizado es colorante alimentario.

- E-200 a E-300: Estos ingredientes son antimicrobianos.

- E-300 a E-400: Los ingredientes utilizados son antioxidantes, estabilizadores y emulsionantes.

- E-400 a E-500: Los ingredientes utilizados son emulsionantes y espesantes.

Correctores

Estos ingredientes modifican la fórmula de nuestras creaciones cosméticas. Utilizamos estos ingredientes para hacer que las fórmulas cosméticas sean más estables y hace que el producto sea más fácil de aplicar. Los correctores típicos incluyen modificadores de viscosidad, solubilizantes, suavizantes, correctores de pH y quelantes.

Los parámetros de viscosidad ayudan a mejorar la textura de un producto, facilitando su aplicación y uso. En muchas soluciones acuosas, el carbopol se usa a menudo para ajustar la viscosidad. En soluciones oleosas, tendemos a usar celulosa o sustancias que pueden absorber grasa para mejorar la textura. Los quelantes, como el ácido etilendiaminotetraacético (EDTA), son ampliamente utilizados para unir iones de hierro y calcio, preservando la función y la apariencia del cosmético. También se utiliza para contrarrestar cualquier dureza en el agua al formular productos de enjuague (*EDTA*, s.f.).

Los solubilizantes y disolventes hacen posible que las grasas y los aceites se dispersen uniformemente en una fórmula cosmética mediante tensioactivos. Los surfactantes pueden hacer que algunos de los ingredientes se disuelvan en el excipiente, especialmente cuando se usa isopropílico o alcohol. Por lo tanto, los suavizantes y emolientes ayudan a restablecer el equilibrio de una fórmula, especialmente cuando hacemos uso de ingredientes que pueden eliminar el aceite de la piel, como la vaselina o la lanolina.

Todos los ingredientes de una fórmula tienen su propia tarea que cumplir, pero todos trabajan juntos en armonía para crear un producto equilibrado y efectivo.

$$\cdot\ \heartsuit\ \cdot\ \heartsuit\ \cdot\ \heartsuit\ \cdot\ \heartsuit\ \cdot\ \heartsuit\ \cdot$$

La Función de los Ingredientes

¿Alguna vez te has preguntado por qué la lista de ingredientes en tu cosmético favorito a veces incluye las letras INCI? INCI es la abreviatura de la Nomenclatura Internacional de Ingredientes Cosméticos. Es un sistema internacional que se utiliza para nombrar ingredientes cosméticos. Esto se hace para garantizar que las personas de todo el mundo puedan leer y comprender los ingredientes de la etiqueta, independientemente del idioma hablado. Piensa en ello como un lenguaje común que se utiliza en la industria cosmética.

Todos los ingredientes de una formulación son necesarios. Cada fórmula consta de diferentes partes. La parte básica (también llamada chasis) que define las propiedades esenciales del cosmético y ayuda a mantenerlo estable hasta que el producto expire. Algunos ingredientes en el chasis pueden no tener una función directa en nuestra piel, pero sí tienen una función sobre la fórmula en la que se utilizan. Por ejemplo, en muchas cremas, lociones y geles, encontraremos carbómeros o acrilatos. La función principal de estos ingredientes es mejorar la viscosidad del producto y garantizar que la textura no cambie con el tiempo. Los disolventes, conservantes, reguladores de pH, emulsionantes, quelantes y reguladores reológicos forman parte del chasis de un producto y son indispensables a la hora de crear cosméticos.

Otros ingredientes, como los extractos naturales y ciertos aceites vegetales, pueden cumplir ciertas funciones en la piel. Por ejemplo, los extractos y aceites de lavanda pueden usarse en formulaciones destinadas a calmar la piel. Estos ingredientes también pueden cumplir un propósito de marketing, haciendo que los productos cosméticos parezcan más atractivos para los consumidores. Esto es especialmente cierto cuando el ingrediente utilizado está presente como parte de la formulación en un porcentaje menor que su dosis efectiva (*Basic Concepts of Cosmetic Chemistry,* 2019). Por ejemplo, el extracto de regaliz puede ser útil para combatir las imperfecciones cuando está presente en una dosis efectiva en formulaciones cosméticas. Agregado en porcentajes más bajos a un producto cosmético, el extracto de regaliz cumple con un propósito de marketing,dando al consumidor algo con lo que conectarse cuando leen la etiqueta del producto.

Los perfumes y colorantes se utilizan para cumplir una función sensorial, es decir, el producto debe ser agradable a nuestros ojos y narices. Estaríamos mucho más indecisos en usar productos cosméticos si no se ven bien o huelen bien. El componente final, activos o ingredientes activos, tienen un efecto sobre la piel. Para ser eficaces y seguras, las formulaciones cosméticas sólo incorporan un cierto porcentaje de estos ingredientes.

· ❤ · ❤ · ❤ · ❤ · ❤ ·

Requisitos de Etiquetado de Cosméticos

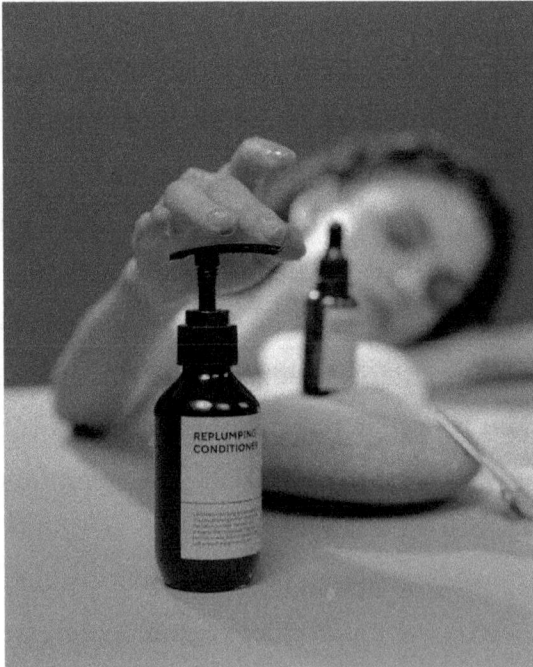

Los productos pasan por muchas etapas antes de que sean aptos para la venta, y una etiqueta informativa no puede pasarse por alto. Al preparar tus productos cosméticos para la venta, presta mucha atención a la etiqueta. ¿Qué es lo primero que ves al mirar la etiqueta? Las imágenes y colores de alta calidad son útiles para captar la atención de un cliente potencial. Esta parte de la etiqueta se conoce como la etiqueta principal. Estas etiquetas van acompañadas de etiquetas secundarias suplementarias llenas de información del producto. Una etiqueta diseñada por nosotros deberá transmitir la siguiente información a tu cliente potencial:

- **Ingredientes:** Los clientes pueden ver claramente qué ingredientes se utilizaron para crear el producto. Es importante mostrar los ingredientes que pueden desencadenar reacciones alérgicas.

- **Riesgos para la salud:** Las etiquetas siempre deben indicar si el uso del producto puede suponer un riesgo para la salud (en caso de haberlo). Las advertencias deben mostrarse claramente.

- **Instrucciones:** Los cosméticos siempre deben venir con un conjunto de instrucciones sobre cómo usar y almacenar correctamente el producto. Las etiquetas de los folletos salvan vidas cuando las instrucciones se deben profundizar.

- **Estética:** Las etiquetas de los productos son herramientas de marketing útiles por sí solas. Un cliente potencial puede sentirse atraído por los colores y la singularidad de una etiqueta sobre otra, lo que aumenta las posibilidades de completar el ciclo de ventas. Descubrí que las etiquetas audaces y memorables funcionan mejor.

Hay más en el etiquetado que simplemente transmitir información del producto a los consumidores. El etiquetado ayuda a que un producto se destaque, aumentando significativamente las posibilidades de compra. La investigación sugiere que hasta el 85% de las decisiones de compra de los compradores están influenciadas por las etiquetas (*¿Por qué es tan importante el etiquetado del producto?*, 2017).

Hay bastante información que necesitamos agregar a las etiquetas de los productos, pero las cosas pueden complicarse un poco más cuando se venden productos cosméticos a través de las fronteras. En esta sección, analizaremos más de cerca los requisitos de etiquetado de cosméticos de acuerdo con los requisitos de la UE y los Estados Unidos.

Requisitos de Etiquetado de la UE

El Reglamento 1223/2009 es a lo que debemos prestar atención cuando necesitamos cumplir con los requisitos de etiquetado de la UE. La UE desarrolló un conjunto específico de requisitos que los productores de productos cosméticos deben seguir si sus productos están dirigidos al mercado de la UE.

El envase y el embalaje exterior deben incluir toda la información del producto. El estilo de letras utilizadas debe ser legible y lo que es más importante, indeleble. Las etiquetas requieren mucha información, algunas de las cuales incluyen:

- Nombre y dirección de la persona responsable

- País de origen

- Sitio en el cual los consumidores pueden encontrar más información sobre el producto

- La cantidad

Curiosamente, no necesitamos indicar fechas de caducidad en productos cosméticos con una vida útil de más de 30 meses (Vallez, 2021). Es una historia diferente al etiquetar productos de un solo uso. La fecha de vencimiento es necesaria, incluso si la vida útil es larga. Lo mismo ocurre con los productos que tienen un bajo riesgo de ser contaminados por bacterias y hongos.

Las etiquetas deben indicar claramente si algún consumidor debe tomar precauciones durante el uso del producto. Por ejemplo, "Evite el contacto con los ojos". Otro punto importante es que los ingredientes deben enumerarse en orden descendente de concentración, comenzando desde la concentración más alta.

También tendremos que cumplir con las consideraciones lingüísticas, ya que varios países de la UE tienen idiomas diferentes a los nuestros. Como mínimo, la siguiente información deberá traducirse al idioma oficial del país donde se venderá su producto:

- Contenido

- Precauciones especiales

- Función del producto

Debemos tener mucho cuidado con nuestras etiquetas, ya que las imágenes, las marcas y los signos utilizados no pueden implicar que un producto tenga funciones adicionales. Por ejemplo, las imágenes de una crema antienvejecimiento pueden implicar que puede revertir permanentemente el proceso de envejecimiento, una afirmación que simplemente no es cierta. Tendremos que respaldar cualquier afirmación que hagamos sobre el etiquetado para permanecer seguros.

Requisitos de Etiquetado de Estados Unidos

Las cosas funcionan de manera un poco diferente en los Estados Unidos en lo que respecta a las etiquetas. Los productos cosméticos vendidos en los Estados Unidos deben cumplir con las reglas establecidas por la Ley Federal de Alimentos, Drug y Cosméticos, así como la Ley de Empaque y Etiquetado Correctos, y las regulaciones establecidas por la FDA bajo estas leyes. Esto significa que la venta de cosméticos mal etiquetados o adulterados está estrictamente prohibida. La acción regulatoria puede producirse cuando los productos se identifican como mal etiquetados. Para evitar que esto suceda, eche un vistazo más de cerca a la etiqueta y vea si contiene:

- Información falsa o engañosa y afirmaciones de productos.

- Información de identificación sobre el fabricante, distribuidor o empacador, es decir, nombres y direcciones falsos.

Además, la legislación de los Estados Unidos es muy particular sobre dónde aparecen ciertos fragmentos de información en la etiqueta. Saber dónde colocar ciertos datos de información es importante y requiere que uno sepa la diferencia entre el empaque externo y el envase interno. En el embalaje del producto, el empaque exterior tiene un panel de presentación principal junto con paneles de información, mientras que el mostrador interior tiene un panel frontal y paneles de información. Para cumplir con las regulaciones, necesitaremos saber qué información se puede imprimir dónde, ya que cada panel está dedicado a ciertos datos de información del producto.

- **Información de etiquetado en el empaque exterior:** La siguiente información del producto debe aparecer aquí: Nombre del producto, uso del producto, contenido neto expresado utilizando unidades de EE. UU. y advertencias.

- **Información de etiquetado en el envase interior:** Estos segmentos están reservados para la lista de ingredientes, instrucciones de uso y advertencias cuando corresponda. Además, el envase interior debe mostrar el nombre y la ubicación de la empresa, el país de origen, el número de lote y la fecha de vencimiento del producto. La información en la etiqueta debe estar en inglés, con ciertas excepciones.

Ten en cuenta que algunos estados pueden tener regulaciones adicionales con respecto a la venta de productos cosméticos. Un ejemplo de ello es la *Proposición 65* en California. Este documento incluye una lista de sustancias químicas que se sabe que causan daños reproductivos, defectos de nacimiento y cáncer (Feregotto, 2019). Si un producto comercializado en California contiene alguno de los ingredientes mencionados en esa lista, la etiqueta debe tener una advertencia clara y razonable. Es un poco de dolor de cabeza pasar por todas estas regulaciones, pero es un mal necesario si queremos comercializar nuestros productos en estas áreas. ¡Los sacrificios que hacemos por la belleza a veces!

Hasta este punto, he estado sentando las bases que necesitarás para crear tus propios productos cosméticos. Ahora que tienes una mejor comprensión de los ingredientes cosméticos, las prácticas de seguridad y el papel del pH, la verdadera diversión puede comenzar. ¡En el próximo capítulo, aprenderás cómo crear materiales base y mucho más!

· ❤ · ❤ · ❤ · ❤ · ❤ ·

4
Fabricación de productos básicos

L a prevención del deterioro de un producto cosmético se realiza mediante la adición de conservantes a la mezcla. La función principal de los conservantes es inhibir el crecimiento de microorganismos que pueden contaminar o estropear un producto. Estos conservantes son necesarios en muchos casos, ya que los productos cosméticos tienden a proporcionar a los microorganismos un ambiente rico y nutritivo para crecer. En este capítulo, aprenderás cómo crear diferentes productos básicos, pero antes de llegar allí, debemos aprender a preservar los cosméticos.

Elegir el conservante adecuado para un cosmético puede ser complicado. Tenemos que tener en cuenta la formulación, así como el tipo de consumidor al que va dirigido el producto y en qué parte del cuerpo se utilizará el producto. Como puedes ver, ¡hay mucho que considerar! Por esta razón, muchos fabricantes de cosméticos utilizan conservantes cosméticos de amplio espectro. Estos conservantes están formulados para ser eficaces contra el moho, las bacterias y la levadura. Los buenos conservantes son efectivos en concentraciones muy bajas, reduciendo las posibilidades de producir una reacción alérgica o irritación en la piel.

El conservante que nos decidamos por usar debe ser aprobado por las autoridades reguladoras y ser compatible con los ingredientes utilizados en la formulación. Esto incluye el embalaje.

Los conservantes de calidad son estables durante toda su vida útil y pueden soportar diferentes niveles de pH, temperatura y condiciones de humedad. Además de esto, un conservante de calidad no cambiará las características organolépticas (cómo se ve, se siente y huele un producto) o el pH de un producto. Ten en cuenta que el uso de conservantes cosméticos es solo un paso que podemos tomar para salvaguardar la calidad de un producto. Todas las materias primas, prácticas de fabricación y empaque utilizados para crear el producto final deben trabajar en armonía con el conservante para mantener la mejor calidad posible del producto.

· ♥ · ♥ · ♥ · ♥ · ♥ ·

Conservantes Cosméticos Permitidos

El uso de conservantes cosméticos se guía por una estricta regulación. La principal preocupación de estas regulaciones es la seguridad del consumidor. Por ejemplo, el Anexo V del Reglamento 1223:2009 de la Unión Europea especifica una lista de conservantes cosméticos que se pueden utilizar, así como sus concentraciones máximas permitidas en los productos (*Reglamento (CE) nº 1223/2009 del Parlamento Europeo,* 2022). En términos generales, los conservantes cosméticos se pueden dividir en dos grupos: ácidos orgánicos y alcoholes.

- **Ácidos orgánicos:** Los conservantes más reconocibles que entran en esta categoría son, sin duda, los parabenos y ésteres del ácido para-hidroxibenzoico (PHBA). Estos ingredientes se utilizan ampliamente, ya que demuestran su eficacia en numerosos productos. Otros conservantes que se usan comúnmente incluyen ácido benzoico, ácido dehidroacético y ácido sórbico.

- **Alcoholes:** Estos conservantes actúan sobre las grasas y las proteínas presentes en las membranas celulares, interfiriendo con el metabolismo de la célula y el proceso de transporte. Los alcoholes y sus derivados también desnaturalizan las proteínas, lo que los convierte en una buena opción para inhibir el crecimiento microbiano en productos cosméticos. El fenoxiethanol (un derivado fenólico) es uno de los alcoholes más utilizados para preservar preparaciones cosméticas.

A veces, los conservantes se confunden con antioxidantes o biocidas. Esta información engañosa puede aparecer en la etiqueta, lo que puede confundir al usuario final de tu producto. Para aclarar: los antioxidantes previenen la oxidación de los ingredientes, los conservantes evitan que los microorganismos crezcan en el producto cosmético creando un ambiente desfavorable para ellos y los biocidas se utilizan para descontaminar un producto donde han crecido los microgramos. Ten en cuenta esta importante distinción al etiquetar productos cosméticos.

Alternativas de Conservantes

Los conservantes han ganado una reputación cuestionable a lo largo de los años, dando lugar a mitos. Uno de esos mitos es la creenciade que todos los conservantes son malos. Los productos "sin conservantes" se ofrecen como alternativa, pero ¿es el problema realmente tan simple? Echa un vistazo más de cerca a los productos disponibles en el mercado, notarás algo interesante en la etiqueta. Casi todos los productos a base de agua incluirán un conservante natural o sintético. Esto se debe a que estos ingredientes son necesarios para mantener la estabilidad y seguridad del producto en sus formulaciones. A lo largo de los años, ha habido un aumento en la demanda para utilizar conservantes de origen natural en productos cosméticos. Compartiré un consejo contigo: Mantente alejada de los productos a base de agua sin conservantes. Son fáciles de contaminar y esto los convierte en una mala opción para tu piel.

Algunos de los conservantes comúnmente utilizados en esta categoría incluyen ácidos orgánicos, que a menudo se acompañan de aceites esenciales, polialcoholes y perfumes. Debemos tener cuidado al usar tres tipos de conservantes, ya que se necesitan altas cantidades del ingrediente para ser efectivos, lo que aumenta la probabilidad de reacciones e irritaciones alérgicas.

El único tipo de producto para el cuidado de la piel que se puede formular sin conservantes son los anhidros (*Tipos de conservantes cosméticos: ¿Qué debes saber sobre ellos?*, 2021). Estos productos contienen cero agua y están hechos de aceites vegetales, mantequillas y ceras. Ten en cuenta que los productos anhidros pueden contaminarse y se contaminarán cuando entren en contacto con el agua. Tendremos que ser muy conscientes de los dedos mojados que introducen contaminantes cuando no se usan conservantes.

Conservante	Razón para unvacío	Utilizado en
Parabenos, incluyendo butilparabeno, metilparabeno y propilparabeno	Se ha descubierto que los parabenos imitan el estrógeno en nuestros cuerpos, lo que lo convierte en un riesgo para la salud humana. También se cree que los compuestos de parabenos contribuyen a los tumores de mama y la infertilidad masculina (Lincho et al., 2021).	Cosméticos, cuidado de la piel y productos de cuidado personal.
Diazolidinyl urea e Imidazolidinyl urea	Estos conservantes previenen el crecimiento microbiano mediante la formación de formaldehído. El formaldehído actúa como conservante, pero puede desencadenar irritación de la piel y los ojos.	Productos cosméticos, cremas farmacéuticas, detergentes domésticos y productos para el cuidado de la piel.
Cloruro de benzalconio	Este ingrediente se puede usar como biocida y surfactante catiónico, pero si se usa erróneamente, el cloruro de benzalconio puede afectar el crecimiento de las células cancerosas (*¿Es seguro el cloruro de benzalconio?*, 2022). El ingrediente es un conocido irritante de la piel y los ojos.	Se utiliza principalmente en productos desinfectantes y artículos de limpieza.
Triclosán	El uso de triclosán está prohibido debido al riesgo para la salud que plantea este líquido sintético. La	Se utiliza en jabones antibacterianos, tubos de pasta de dientes, jabones corporales y cosméticos.

Descubre los Tipos de Conservantes

Nos ocupamos principalmente de dos tipos de conservantes: sintéticos y naturales. Parte de la razón por la cual los conservantes se han ganado una reputación tan cuestionable es que muchos conservantes sintéticos se han relacionado con la irritación de la piel . Se ha descubierto que algunos conservantes también afectan la salud a largo plazo, por lo que debemos hacer nuestra debida diligencia e investigar el conservante que pretendemos usar a fondo. La siguiente tabla detalla los conservantes que nunca debemos usar.

Sin embargo, no dejes que la mesa te engañe. No todos los conservantes son malos. Algunos conservantes, como el alcohol bencílico, se consideran seguros para su uso según los criterios de certificación orgánica de COSMOS (*Conservantes en el cuidado de la piel: lo que necesita saber,* sin fecha). Otros conservantes, generalmente seguros, generalmente utilizados en cosméticos incluyen:

- **Fenoxietanol (PE):** Un conservante que se encuentra naturalmente en la achicoria y el té verde. Una versión sintética se crea en los laboratorios con fines cosméticos.

- **Caprylyl glycol:** Este alcohol se deriva del caprililglicol y actúa como humectante y conservante. Tiende a ser una opción más segura que la mayoría de los conservantes. El ingrediente se puede utilizar con otros conservantes para aumentar su actividad antimicrobiana.

- **Sorbato de potasio:** Se encuentra naturalmente en algunas frutas, una versión sintética se hace en laboratorios con fines cosméticos.

Los conservantes de amplio espectro generalmente se consideran seguros y protegen nuestras creaciones cosméticas de bacterias, moho y levaduras. A menudo encontrarás que los productos cosméticos contienen más de un tipo de conservante para lograr una protección de amplio espectro.

· ♥ · ♥ · ♥ · ♥ · ♥ ·

Mezcla de Conservantes Cosméticos

Los empresarios en crecimiento tienen una amplia selección de sustancias para elegir cuando se trata de conservantes. A veces seleccionamos un producto simplemente porque nos gusta el empaque o escuchamos cosas buenas sobre él. Este proceso de selección nos sirve bien cuando queremos hacer un chimichurri y otras delicias, pero es una táctica arriesgada cuando se aplica a ingredientes cosméticos. ¡Doblemente al elegir conservantes!

Cuando se trata de crear cosméticos, es imperativo que nos eduquemos sobre las sustancias que utilizamos. Esta es una necesidad, no solo para satisfacer nuestra propia curiosidad, sino para empoderarnos con el conocimiento para educar a nuestros clientes potenciales sobre los ingredientes que leen en la etiqueta.

Un conservante que se usa popularmente en productos cosméticos es Cosgard (también conocido como Geogard 221). Este conservante natural, soluble en agua de amplio espectro, es producido y patentado por Lonza. El producto es una mezcla armoniosa de gluconolactona y benzoato de sodio (What Is Cosgard (Geogard 221), s.f.). Cuando se usa en cosméticos, realiza una acción conservante al liberar lentamente un ácido seguro y suave conocido como ácido glucónico. El conservante no tiene ningún efecto notable sobre el aroma del producto final, es parte de la razón por la que es tan ampliamente utilizado. La siguiente tabla resume todos los puntos clave que necesitamos saber sobre este conservante.

Características importantes	Descripción
Nomenclatura Internacional de Ingredientes Cosméticos (INCI)	Gluconolactona (y) benzoato de sodio (y) gluconato de calcio.
Apariencia	Un polvo que es de color blanquecino y tiene una textura suave.
Valor de pH	El valor de pH oscila entre 3 y 6. Se recomienda utilizar un tampón, ya que el producto puede hacer que los valores de pH disminuyan.
Dosis recomendada	0.75-2%
Compatibilidad	El ingrediente es compatible con todo tipo de piel y funciona bien con una amplia gama de ingredientes. Este producto se puede utilizar en cosméticos destinados al uso diario. Ten en cuenta que este ingrediente no es adecuado para su uso en productos de aerosol.
Vigencia	El producto puede durar hasta dos años.
Calor, tasa de absorción y almacenamiento	El producto está diseñado para ser resistente al calor y se puede usar de manera segura si el cosmético, tiene una fase de agua caliente. El conservante se absorbe rápidamente y debe almacenarse en un lugar fresco, seco y oscuro.
Sustituto adecuado	Germall Plus líquido

Los conservantes tienen diferentes mecanismos de acción en los que previenen el desarrollo microbiano en los productos. El Cosgard funciona proporcionando resistencia microbiológica a bacterias, levaduras y hongos. Como beneficio adicional, proporciona hidratación adicional a la piel, por lo que es un producto seguro y suave en todos los aspectos sin efectos secundarios conocidos. Este conservante es ampliamente considerado como uno de los más seguros de usar en productos cosméticos.

Cabe señalar que el gard (Geogard) solo se puede usar en la fase acuosa. El producto puede tardar mucho tiempo en disolverse si se usa en preparaciones frías, pero hay una solución simple para esto. Agrega el conservante a un vaso de precipitados con agua destilada, cubre el vaso de precipitados con un poco de film transparente para mantener los contaminantes fuera y deja que el producto se disuelva durante la noche. A la mañana siguiente, tendrás un conservante que puedes incorporar fácilmente a tus creaciones cosméticas.

·♥·♥·♥·♥·♥·

Preparación de materiales Base

Una habilidad esencial que debemos dominar es preparar materiales base para nuestros productos. Los materiales que necesitamos y los agentes activos preparados (la mayoría se identifican como extractos botánicos) pueden obtenerse de proveedores de materias primas cosméticas. Aprender a preparar materiales base es un paso práctico y puede ayudar a reducir el costo de producción del producto final. Recuerda que las herramientas y utensilios utilizados durante la fabricación de cosméticos nunca deben usarse para otra cosa. Esto es para eliminar el riesgo de contaminación cruzada y mantener nuestras creaciones seguras para usar durante más tiempo. Todas las herramientas, utensilios y superficies deben estar limpias; Es mejor si los lavas y esterilizas con alcohol por seguridad, independientemente de si son nuevos.

Debes asignar un sitio específico para esta actividad y asegurarte de que tus productos y materia prima no estén directamente expuestos al sol o a las altas temperaturas. Tanto si estás creando productos para uso personal, como si deseas convertir tus creaciones en una actividad comercial, los materiales detallados en esta sección te servirán bien. Para crear las formulaciones de esta sección, necesitarás los siguientes materiales de trabajo:

- Hornilla eléctrica con uno o dos quemadores.

- Batidora de mano o para hornear

- Recipiente de vidrio resistente al calor

- Termómetro de cocina y medidor de pH

- Batidora de vidrio o varilla de agitación

Los materiales base son productos básicos y listos para usar que podemos enriquecer con nuestra elección de ingredientes. Al agregar ingredientes aditivos a cremas y geles base, ten en cuenta que debemos mantener las proporciones adecuadas. Esto es importante para mantener el producto funcionando de manera óptima y para minimizar el riesgo de irritación en la piel. Lo maravilloso de los materiales base es que se pueden preparar con relativa rapidez. Simples y rápidos de usar, son una de las primeras vías que te animo a explorar al entrar en este apasionante mundo.

$\cdot \, \heartsuit \, \cdot \, \heartsuit \, \cdot \, \heartsuit \, \cdot \, \heartsuit \, \cdot \, \heartsuit \, \cdot$

Creación de Crema Base

Las cremas base se pueden personalizar en tres sencillos pasos. Primero, necesitamos pesar los ingredientes. Asegúrate de respetar las cantidades y ten cuidado con la introducción de contaminantes. Pesa la crema base preparada y otros ingredientes en un recipiente estéril. El segundo paso consiste en agregar ingredientes activos a la base. En este paso, podemos agregar fragancia y colorante al producto si lo deseas. En el último paso, mezclaremos los ingredientes hasta que estén completamente incorporados a la base y los empaquetaremos en un recipiente adecuado. Recuerda seguir revolviendo la mezcla durante unos minutos después de que se hayan incorporado todos los ingredientes. Esto es necesario para garantizar que todos los ingredientes estén completamente integrados en la base. A partir de aquí, simplemente verificamos, corregimos el pH y agregamos conservantes si los usamos.

Base de Crema Básica

Esta crema base es ligera e imparte una textura sedosa y aterciopelada a la piel. La formulación es fácilmente absorbida por la piel. Con esta base, podemos sumar con seguridad hasta un 3% de activos a la hora de crear productos faciales y corporales (*Cremas base: Qué son, cuál elijo para mi piel y recetas sencillas*, 2021). Para hacer 100g de una base de crema enriquecida, necesitarás:

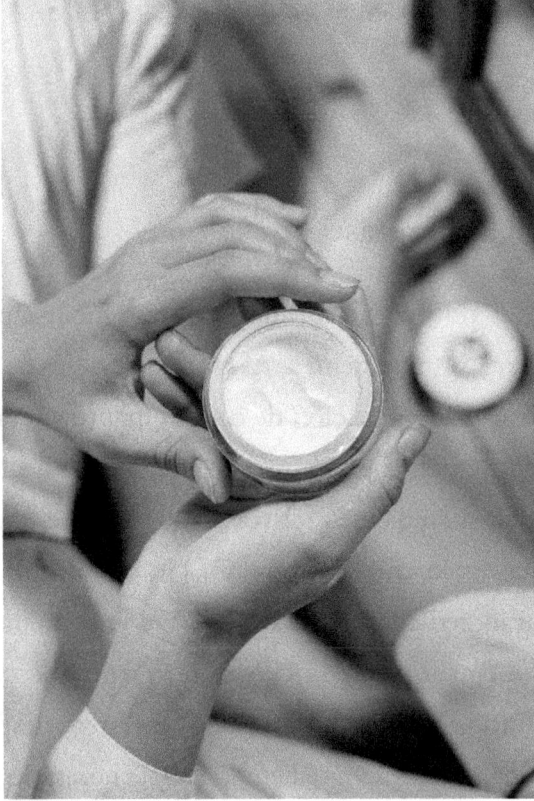

Materiales	*Cantidad 100 ml*	*Cantidad 1 liter*
Croda CR2	25 gramos	250 g
Agua destilada	71 ml	710 ml
Solución conservante	4 ml	40 ml

Indicaciones:

La preparación es muy simple. Derrite la Croda-base CR2 en un recipiente a 75 a 85ºC. A continuación, utilizando un recipiente separado, necesitamos calentar el agua a la misma temperatura. Ahora agrega lentamente la Croda-base al agua agitando con ayuda mecánica. Cuando se haya creado una mezcla homogénea, agrega el conservante. Recuerda seguir revolviendo a medida que la mezcla se enfría, ya que esto le dará la consistencia deseada del producto. Cuando el producto se enfríe, guárdalo en un recipiente limpio y esterilizado. La crema base ya está lista para ser utilizada en tus creaciones cosméticas.

Base de Gel Cosmético

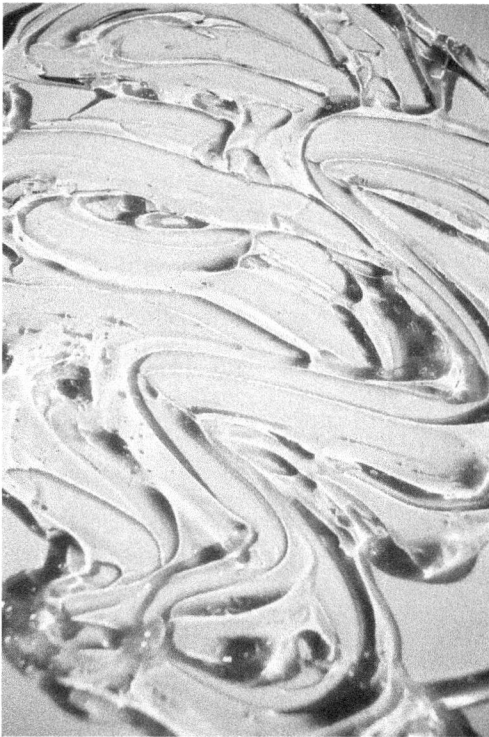

Este producto hidratante no deja una sensación grasa en la piel. Esta base de gel también tiene una consistencia espesa y alta viscosidad, por lo que es útil para varias preparaciones cosméticas. Su formulación contiene propylene glycol, un componente que le da mucha suavidad aplicada a la piel. Al ser un producto a base de agua, debes usarlo con la cantidad recomendada de conservantes. Siga las cantidades detalladas en la tabla a continuación para crear la base de gel.

Materiales	Cantidad 100 ml	Cantidad 1 liter
Carbopol Ultrex 21	1 g	10 gramos
TEA de trietanolamina	1 ml	10 ml
Propilenglicol	6 ml	60 ml
Solución conservante	4 ml	40 ml
Agua destilada	88 ml	880 ml

Indicaciones:

Mezcla la solución conservante con el propilenglicol. Añade el agua destilada, removiendo poco a poco. En un recipiente separado, debes preparar la base gelificante, mezclando el carbopol y el agua destilada hasta obtener una consistencia espesa. Añade la base gelificada a la mezcla inicial. Agrega la trietanolamina y ponla en un recipiente hasta que la uses. Etiqueta y deja el producto durante 24 horas antes de usarlo. Almacenar en un ambiente limpio, fresco y seco.

Goma Gel Base Xantana

La goma xantana se está convirtiendo en un ingrediente cada vez más popular en las bases de gel. Esto se debe a que la goma es un agente gelificante natural, por lo que es adecuada para su uso en productos cosméticos orgánicos certificados. La goma xantana es generalmente compatible con la mayoría de los ingredientes activos cosméticos y se puede utilizar como agente espesante y estabilizador. Hay que tener en cuenta que el grosor del gel depende de la cantidad de goma xantana que utilicemos. Las formulaciones generalmente contienen 0.5% a 3% de goma xantana (*Cómo hacer un gel base con goma Xantana,* 2020). Si su gel comienza a darle un efecto de líquido después de dos o tres días, es posible que deba reconsiderar la calidad de la goma xantana que está usando. Para crear esta base de gel, necesitarás:

Materiales	Cantidad 100 ml	Cantidad 1 liter
Agua destilada	91 ml	910 ml
Glicerina vegetal	3 ml	30 ml
Goma xantana	2 gramos	20 gramos
Solución conservante	4 ml	40 ml

Indicaciones:

Pesa la glicerina vegetal en un recipiente de vidrio limpio. Agrega cuidadosamente la goma xantana a la glicerina y mezcla para formar una pasta de gel. A continuación, agrega el agua destilada y revuelve para incorporar todos los ingredientes por completo. Deja reposar la base de gel durante unos minutos para que espese. Prueba el pH y ajústala si es necesario. Finalmente, agrega el conservante y transfiere la base de gel preparada a un recipiente adecuado para su almacenamiento y uso.

$$\cdot \; \heartsuit \cdot \heartsuit \cdot \heartsuit \cdot \heartsuit \cdot \heartsuit \cdot$$

Base de Jabón

Cuando se trata de bases de jabón, no hay escasez de opciones. Para obtener resultados predecibles, es mejor usar bases de jabón de calidad, que investigaremos en esta sección. Echaremos un vistazo más de cerca de al Texapon, brindándote una línea de base sólida para comparar posibles sustitutos si surge la necesidad.

El Texapon es un surfactante que se encuentra en muchos productos de limpieza. El producto es una pasta fluida con un toque de amarillo. Es una materia prima detergente aniónico de alta concentración que se puede diluir fácilmente cuando se usa correctamente (*Texapon*, 2022). La piel generalmente tolera bien el ingrediente, haciéndolo compatible con la mayoría de los tipos de piel, y las propiedades emulsionantes e hidratantes del ingrediente lo convierten en una opción popular en cosméticos. Los productos tienen buena capacidad espumante y se pueden utilizar con tensioactivos aniónicos y no iónicos.

El producto se utiliza principalmente en la producción de agentes de limpieza como agentes especiales, limpiadores multiusos, limpiadores de alfombras, etc. Es completamente soluble en agua. Como beneficio adicional, podemos usar Texapon durante los pasos fríos de la producción de cosméticos, lo que lo convierte en un ingrediente bastante versátil. Cuando usemos este producto, deberemos tener cuidado de no agitar demasiado el líquido al disolverlo. De esta manera evitaremos crear espuma excesiva.

Un buen producto a base de jabón tendrá un buen efecto espumante, incluso cuando se disuelve a bajas temperaturas, excelente polvo disuasorio, resistente al agua dura, buenas propiedades hidratantes y emulsionantes, es compatible con diferentes tipos de piel y se puede usar en la formación de muchos productos diferentes (champús, pasta de dientes, etc.) (*Texapon Liquido*, 2021). Es una tarea difícil, por lo que la calidad de las bases de jabón importa. Compartiré una base de jabón líquido simple que podemos usar al hacer la mayoría de los champús y detergentes.

Champús y Detergentes

Materiales	Cantidad 1 liter
Texapon 70/SG	400 ml
Agua destilada	600 ml

Indicaciones:

Combina los ingredientes en un tazón de vidrio cuidadosamente sin espuma hasta que se incorpore parcialmente. Deja reposar esta mezcla durante 24 horas y mezcla nuevamente con cuidado hasta que la mezcla esté completamente incorporada. Vierte la base de jabón en una botella limpia para su almacenamiento. Recuerda agregar una etiqueta que indique el nombre del producto creado y la fecha.

· ❤ · ❤ · ❤ · ❤ · ❤ ·

Preparación de Extractos

Las plantas albergan muchas sustancias (fitoquímicos) que son beneficiosas para la piel. Una de las maneras más fáciles en las que podemos incorporar la bondad de la naturaleza en los productos cosméticos es mediante la adición de extractos botánicos a la formulación. Estos extractos son relativamente fáciles de encontrar o se pueden preparar en casa, hacerlo tiene el beneficio adicional de la personalización, ya que podemos seleccionar y extraer extractos para crear productos únicos. Antes de entusiasmarnos con las posibilidades, es necesario aclarar qué son los extractos botánicos.

Los extractos botánicos son productos activos derivados de material vegetal mediante el uso de disolventes. Los extractos para uso cosmético están hechos con macerados, que contienen propiedades beneficiosas para la piel. Para preparar extractos, es mejor usar material vegetal seco. La razón es doble. En primer lugar, el uso de materiales vegetales secos minimiza cualquier contenido de agua en la formulación, esto ayuda a reducir el riesgo de deterioro. En segundo lugar, es práctico. El uso de materiales vegetales secos nos permite utilizar cantidades precisas con cada preparación y ofrece un producto más concentrado. Podemos secar fácilmente el material vegetal en casa usando un deshidratador de alimentos. Solo asegúrate de haber lavado bien el material vegetal que desea usar de antemano. Cuando finaliza el proceso de deshidratación, el material vegetal se puede moler ligeramente y almacenar en un recipiente limpio y hermético. Protege el material vegetal seco de la luz solar y la humedad.

Hay cuatro tipos de extractos comúnmente utilizados en la preparación cosmética. El tipo de extracto que utilizamos depende del producto que estemos creando. En esta sección, veremos cómo se preparan estos extractos.

Extracto Glicólico

Este extracto se prepara mezclando propilenglicol con verduras. Estos extractos son útiles para formulaciones a base de aceite. Para preparar este extracto, necesitarás:

- Un recipiente de vidrio opaco y limpio

- Planta marcial muerta de tu elección

- Propilenglicol

Indicaciones:

Agrega material vegetal seco al recipiente de vidrio opaco. Vierte suficiente propilenglicol para cubrir el material vegetal. Cubre la mezcla y guárdala en un lugar fresco, oscuro y seco durante dos semanas. Recuerda serpentear el recipiente una vez al día para un mejor extracto. Después de dos semanas, filtra el contenido en una botella de vidrio oscuro y etiqueta para su uso.

Extracto de Alcohol/Tintura

De todos los disolventes que podemos utilizar para crear extractos, el alcohol es el que extrae más propiedades de las plantas. Los extractos de alcohol pueden durar fácilmente entre tres y cinco años sin perder su potencia. Para preparar el extracto, deberás mezclar una parte de material vegetal con cinco partes de alcohol. Entonces, si usas 10 g de material vegetal seco, necesitarás 50 ml de alcohol para crear el extracto. Los materiales que necesitarás son los siguientes:

- Recipiente de vidrio limpio y opaco

- Material vegetal de tu elección (puedes usarlo seco o fresco)

- Alcohol

Indicaciones:

Al recipiente de vidrio agrega el material vegetal elegido. Cubre el material vegetal con alcohol utilizando las proporciones indicadas. Sella el recipiente y guarda la mezcla durante dos semanas en un área seca y oscura. Protege la mezcla del calor. Recuerda agitar la mezcla diariamente para asegurar una mejor extracción. Después de dos semanas, filtra el contenido en una botella de vidrio oscuro y etiquétalos para su uso.

Oleato/Aceite Infundido

Estos extractos se preparan mezclando aceite mineral o vegetal con material vegetal. Los aceites de oliva, girasol y almendras dulces son excelentes materiales base para crear oleatos, agregando cantidades significativas de vitamina E a nuestras formulaciones. El beneficio adicional es que la vitamina E actúa como conservante, ayudando a mantener el extracto potente durante más tiempo. Para preparar un aceite infundido, necesitarás:

- Material vegetal triturado y secado

- Recipiente de vidrio opaco

- Aceite

Indicaciones:

Agrega el material vegetal triturado al recipiente de vidrio opaco. Cubre el contenido con aceite y sella el recipiente. Guarda la mezcla hasta por cuatro semanas en un lugar fresco, seco y oscuro. Recuerda agitar la mezcla diariamente para lograr la extracción completa del material vegetal. Después de cuatro semanas, filtra el contenido en una botella de vidrio oscuro y etiqueta para su uso.

Extracto Hidroglicerinado

Este extracto se prepara creando una mezcla de 50% de agua y 50% de glicerina. Cuando la mezcla esté lista, usa una parte de material vegetal por tres partes del solvente preparado. La mezcla se puede almacenar en el refrigerador para extender su vida útil de seis meses a un año. Para preparar un extracto de este tipo, necesitarás:

- Un recipiente de vidrio opaco

- Disolvente preparado (partes iguales de agua y glicerina)

- Material vegetal seco

Indicaciones:

Agrega el material vegetal seco al recipiente de vidrio y cubre con solvente. Sella el recipiente y guarda la mezcla durante 15 días en un lugar fresco y oscuro, lejos de la humedad. Recuerda agitar la mezcla diariamente para lograr la extracción completa del contenido. Después de 15 días, filtra los contenidos en una botella de vidrio oscuro y etiquétalos para su uso.

Recuerda que no todos los tipos de extractos son adecuados para todos los productos cosméticos. El tipo de producto cosmético que estamos haciendo dictará el tipo de extracto que utilizaremos. Por ejemplo, no podemos usar extractos solubles en agua en aceite de masaje, ya que el contenido simplemente no se mezclará.

Los extractos glicólicos, alcohólicos e hidroglicerinados son perfectos cuando las formulaciones tienen un alto porcentaje de agua. Tónicos, geles y champús son algunos de los productos en los que utilizaremos estos extractos. Si estamos elaborando aceites de masaje, es mejor utilizar extractos oleosos ya que se integrarán mucho mejor con la base. Las cremas, sueros, exfoliantes y contornos de ojos son la excepción y generalmente podemos usar cualquier extracto que nos guste en estos productos.

Recuerda que agregar más extracto a una formulación no garantiza un resultado más impactante o un producto efectivo. Por el contrario, podrías terminar estropeando esa creación cosmética en la que has estado trabajando tan duro. Así que trata los extractos igual que otros ingredientes: respetuosamente.

Extractos e Ingredientes Botánicos Beneficiosos

Los extractos botánicos son increíblemente fáciles de hacer, pero eso no significa que todos los materiales vegetales sean igualmente beneficiosos para la piel. Algunas plantas son muy amantes de la piel, mientras que otras pueden dejarnos picazón. La lista de extractos de plantas utilizables para cosméticos puede ser bastante extensa e intimidante al principio. Por esa razón, he compilado una lista práctica de extractos botánicos e ingredientes útiles que se pueden usar en todas tus creaciones cosméticas.

- **Extracto de aceite de almendras:** Este ingrediente ayuda a mantener la piel hidratada atrapando la humedad. El extracto de aceite de almendras posee propiedades calmantes y se absorbe fácilmente en la piel. Es un ingrediente blanqueador eficaz y puede ayudar a reducir la aparición de manchas. Como una ventaja adicional, todas las vitaminas presentes en el extracto pueden ayudar a retrasar la aparición de arrugas.

- **Extracto de caléndula:** Este extracto tiene propiedades hidratantes y calmantes. Sus poderosos activos pueden retener el agua por más tiempo en la piel, por lo que a menudo se usa para pieles secas, irritadas o sensibles. Otra característica esencial del extracto de caléndula es que tiene regeneradores antiinflamatorios, antibacterianos y colágeno; Su suave poder ayuda a prevenir casos de enrojecimiento asociado a problemas en la zona T, erupciones cutáneas o alergias.

- **Extracto de zanahoria:** El extracto de zanahoria es rico en carotenoides y vitamina E, dos poderosos oxidantes que pueden evitar que los radicales libres se afiancen, protegiendo así la piel de la oxidación. Además, lo protege de los daños que pueden causar los rayos del sol. Las zanahorias también tienen ácidos grasos, un emoliente eficaz que ayuda a hidratar, suavizar y mejorar la flexibilidad de la piel. El extracto es ideal para formular productos que contienen propiedades fotoprotectoras de antienvejecimiento.

- **Extracto de manzanilla:** En cosméticos, la manzanilla se utiliza para limpiar, tonificar, suavizar y restaurar el equilibrio de la piel inflamada y disminuir la aparición de poros abiertos y venas marcadas que se ven especialmente cerca del área de los ojos. La manzanilla ayuda a la piel sensible, la piel irritada y los problemas de acné porque calma la inflamación, especialmente si hay dermatitis o eczema además, sus beneficios antisépticos y curativos la convierten en un aliado eficaz para sanar y regenerar.

- **Extracto de algodón:** Este extracto es un excelente emoliente. Gracias a su alto contenido en ácidos grasos insaturados, el extracto tiende a tener un efecto hidratante y tensor. Se utiliza en productos cosméticos para mejorar la circulación local de la dermis, ayudando a revitalizarla en el proceso. Todos esos ácidos grasos presentes en los extractos de algodón también ayudan a restaurar la barrera lipídica de la piel.

- **Extracto de pepino:** Este ingrediente ayuda a equilibrar la piel de forma natural debido a su alto contenido en vitaminas y minerales, que ayudan a revitalizar la piel, dándole un aspecto más luminoso y fresco. Tiene propiedades hidratantes y antioxidantes, previene la pérdida de agua y ralentiza la deshidratación. Además, parte de sus compuestos forman una película protectora sobre la piel. Es ideal si quieres un efecto hidratante, refrescante, descongestionante y suavizante en tus productos.

- **Extracto de limón:** El extracto de limón es rico en vitamina C, un poderoso antioxidante que combate los radicales libres y el fotoenvejecimiento, se utiliza para prevenir la oxidación de los tejidos. Sus ácidos estimulan la regeneración celular mediante la creación de colágeno y pueden reducir las arrugas y manchas de la piel debido al sol y el envejecimiento. Los flavonoides del extracto de limón son activos y pueden ayudar a mejorar la circulación general.

- **Extracto de avena:** La avena es un cereal que contiene omega-6 y omega-3, rico en ácidos grasos y esencial para la reparación celular; también tiene vitaminas del grupo B, entre ellas ácido fólico y vitamina E. El extracto de avena es de alta acción limpiadora porque absorbe toda la suciedad y residuos que se acumulan en los poros, la piel mantiene su pH gracias a las proteínas que contiene. Elimina las células muertas de la piel y las impurezas como las espinillas y otras imperfecciones. Por lo tanto, ayuda a reducir la producción de sebo y la formación de brillo en la cara.

- **Extracto de quinua:** Este ingrediente hidratante contiene Lisina, un elemento crítico en la síntesis de elastina y colágeno, que tonifica la piel previniendo las arrugas y líneas finas. La quinua es una semilla que tiene altos niveles de riboflavina; esto significa que es rico en antioxidantes, que proporcionan al rostro suavidad y elasticidad D , a su vez, contiene vitaminas C, E y omega-6, que ayudan a restaurar la piel y reducir la agrupación de gránulos de melanina al atenuar las manchas oscuras y la pigmentación, muy recomendada para todo tipo de pieles.

- **Extracto de Sábila:** El aloe vera es una planta con propiedades curativas, entre las que podemos destacar como beneficios para la piel. Que es un astringente natural y antiinflamatorio que limpia el rostro de sus capas más profundas, lo que favorece la limpieza de poros y la eliminación de impurezas en la dermis. Es un humectante para la piel, regenera tejidos, estimula y fortalece las fibras de colágeno y elastina, además de tener propiedades antibacterianas. Otra propiedad del aloe vera es la curación; esto renueva el aumento de la formación de colágeno y favorece la reparación de los tejidos. Se recomienda en productos que buscan suavizar, hidratar, refrescar, purificar y restaurar.

- **Extracto de pétalos de rosa:** El extracto de rosa tiene propiedades antioxidantes que hidratan y rejuvenecen la piel, promueven la curación y tratan manchas, estrías y arrugas. Tiene beneficios antioxidantes ya que combate la oxidación de la piel, que es una de las principales causas del envejecimiento prematuro, bloqueando la acción de los radicales libres y protegiendo la piel de las agresiones externas. Por otro lado, regula el exceso de grasa en la piel, promueve la regeneración de los tejidos y activa la circulación. Muy recomendado para su uso en productos antiarrugas para pieles maduras o grasas con problemas de acné.

- **Extracto de romero:** Este extracto es ampliamente utilizado para preparar productos para el cabello, faciales y corporales. Combate eficazmente los radicales libres que causan el envejecimiento debido a sus propiedades antioxidantes. El romero contiene ácido rosmarínico que tiene actividades antiinflamatorias, por lo que es ideal para calmar irritaciones leves en pieles sensibles, y también se usa si necesita mejorar la apariencia de la piel y retrasar el envejecimiento celular.

Ingredientes Activos Utiles

Además de los extractos, podemos hacer uso de ingredientes activos para hacer que nuestros productos cosméticos sean realmente superiores. A continuación, se enumeran algunos de los mejores ingredientes activos utilizados por los creadores de cosméticos apasionados.

- **Cafeína:** A diferencia de la bebida de la famosa semilla, la cafeína utilizada en cosméticos es un alcaloide sólido, cristalino y blanco. Es un excelente activador de la circulación sanguínea, combate los radicales libres y reduce la aparición de arrugas, manchas solares y pérdida de elasticidad. La molécula de cafeína es pequeña, por lo tanto, penetra profundamente en la piel. Es uno de los ingredientes clave en cosméticos para combatir la hinchazón, la tez opaca y la grasa de la piel, especialmente en el segundo mentón y pómulos. La cafeína ayuda a eliminar o prevenir las bolsas que se forman debajo de los ojos y tonifica la piel.

- **Colágeno:** El colágeno es la proteína estructural más abundante de nuestro cuerpo; es parte de todos los músculos y huesos. Su función es formar fibras, a partir de las cuales se crean las principales estructuras del organismo; Funciona como una especie de pegamento que mantiene unidos los tejidos, haciéndolos resistentes y sólidos en apariencia. A medida que envejecemos, la producción de colágeno disminuye; Esto se nota porque la piel se afloja, aparecen arrugas y se pierde elasticidad. Su uso en cremas sobre la piel previene la deshidratación ya que apoya las fibras de la dermis aumentando la firmeza y resistencia.

- **Elastina:** Esta proteína trabaja con el colágeno para mejorar la apariencia de la piel. Estas proteínas están estrechamente relacionadas y nunca actúan independientemente unas de otras. Están presentes en todo el cuerpo, incluyendo articulaciones, músculos, tejidos y huesos. La elastina permite que la piel recupere su estado normal si se estira y vuelve a su posición original en lugar de estar flácida o extendida. Entre sus propiedades y beneficios se encuentra tener la capacidad de dar un aspecto atípico y saludable a la piel, permitiéndole tener un aspecto joven, juvenil, mantiene la piel hidratada, evita la rotura de las fibras del tejido conectivo, dermis y epidermis, evita que aparezcan estrías y ralentiza la cicatrización de la piel facial.

- **Glicerina:** Este alcohol incoloro, inodoro y antibacteriano funciona como un agente de limpieza. Cuando se aplica, detiene la sensación pegajosa. Aún así, siempre debe mezclarse con una sustancia aceitosa porque la glicerina tiende a absorber agua y atraer agua, haciendo que la dermis la retenga y dando como resultado una piel hidratada y perfectamente nutrida. Estimula las células de nuestra piel para rejuvenecerlas, Estimula las células de nuestra piel para rejuvenecerlas; los tonifica, los suaviza, y los limpia. También es ideal para tratar cortes y quemaduras al igual que reduce la inflamación y las reacciones a las picaduras de varios insectos.

- **Ácido hialurónico:** El ácido hialurónico es un polisacárido que se encuentra en la superficie interna de las células de nuestro cuerpo; contiene moléculas hidrófilas que pueden absorber hasta 1000 veces su peso en agua, lo que lo convierte en un aliado para el relleno de arrugas y líneas de expresión hidratándolas profundamente. El ácido hialurónico mejora la textura de la piel, dándole un aspecto más joven. Explicaré más sobre la utilidad del ácido hialurónico en el próximo capítulo.

- **Ácido láctico:** Este ingrediente aumenta el grosor de la dermis, logrando una piel más suave y firme, estimulando la producción de colágeno en la piel, haciéndola más robusta y mejorando las líneas finas de expresión. Purifica la piel ya que limpia los poros y es ampliamente utilizado en productos para el acné y la piel grasa. Estimula la regeneración celular que ayuda a eliminar manchas en la cara, enrojecimiento y otros.

- **Vitamina E:** La vitamina E es un antioxidante, rejuvenecedor y protector de los radicales libres que causan el envejecimiento. Por lo tanto, previene las arrugas, el deterioro del tejido de la piel y funciona como un protector solar. Funciona como una barrera y actúa contra las inclemencias del tiempo como el frío, el calor, el viento y la contaminación. Regenera y acelera la cicatrización de los tejidos de la piel, se recomienda para el aligeramiento de cicatrices y también se utiliza a menudo para tratamientos postoperatorios de heridas o exfoliaciones profundas. La vitamina E es muy eficaz en la limpieza y tonificación de la piel, también es ampliamente utilizado en formulaciones para fabricar desmaquillantes.

Dominar los conceptos básicos es esencial para crear productos cosméticos de alta calidad. Ahora que has visto lo fácil que se pueden preparar los productos básicos, es momento de llevar tu educación cosmética al siguiente nivel. En el siguiente capítulo, echaremos un vistazo más de cerca a los productos que podemos crear para minimizar o eliminar las manchas en la cara.

· ♥ · ♥ · ♥ · ♥ · ♥ ·

5

Productos para caras manchadas

Las latinas son realmente un tesoro de consejos de belleza y secretos. Una forma en que podemos celebrar y quizás preservar el consejo que compartieron nuestras madres, abuelas y tías es incorporarlos a los productos cosméticos. Un desafío que enfrentan muchos de la comunidad latina es la piel manchada. Hay una serie de razones por las que la piel se manchará, pero la exposición prolongada a los rayos UV y al sol tiende a ser el principal culpable. Para combatir el flagelo de las manchas en nuestra cara, a menudo recurrimos a productos despigmentantes. Aquellos de nosotros que usamos estos productos con frecuencia podemos haber notado que los productos despigmentantes tienen una lingua franca propia. Las palabras descriptivas como brillar, desvanecer, blanquear o despigmentar a menudo se usan en la etiqueta del producto para describir la acción. Estos productos contienen ingredientes activos que inhiben la producción de melanina, aclarando las manchas en la piel como resultado.

La inhibición de la producción de melanina es útil para reducir la aparición de manchas faciales y puede prevenir la aparición de nuevas manchas. Por supuesto, tendremos que tener cuidado con la exposición excesiva al sol y usar protector solar cuando salgamos. El cambio de hormonas y el envejecimiento son las otras razones comunes por las que pueden aparecer manchas en la cara. Estos productos generalmente contienen vitamina C, ácido azelaico, serina y otros ingredientes activos. Si has dominado los conceptos básicos en el capítulo anterior, ¡preparar los productos despigmentantes en esta sección debería ser bastante fácil!

Antes de explorar diferentes productos despigmentantes para crear, ten en cuenta las siguientes pautas de uso:

- Un poco hace mucho, así que siempre trata de aplicar el producto de manera uniforme en la cara. Los tratamientos despigmentantes nunca deben utilizarse como tratamiento localizado.

- Se paciente y consistente con el uso del producto. Los efectos suelen ser perceptibles desde las seis semanas. Deja que el producto se asiente en tu cara durante una hora antes de continuar con tu régimen regular de cuidado de la piel.

- Usa cremas y sueros despigmentantes por la noche, es cuando están en su momento más efectivo.

- Siempre usa un protector solar y ten cuidado con el uso excesivo de productos despigmentantes. Si no hay una mejora notable en la apariencia de las manchas dentro de las ocho semanas, lo mejor es consultar a un profesional del cuidado de la piel.

· ♥ · ♥ · ♥ · ♥ · ♥ ·

Crema Despigmentante

Este producto aclarante se puede utilizar para tratar las manchas y conseguir un tono uniforme de la piel. Hay dos etapas para preparar este producto, pero es relativamente simple, y te guiaré a través de él. La siguiente tabla enumera todos los ingredientes y las cantidades que necesitarás si estás interesada en lotes pequeños o preparaciones grandes. Recuerda siempre trabajar con extrema precisión con tus ingredientes, una pequeña atención al detalle que influye en gran medida sobre el resultado del producto final.

Materiales	Cantidad 100 ml	Cantidad 1 litro
Crema base	65 gramos	650 g
Ácido láctico 30%	4 ml	40 ml
Ácido kójico 2%	4 ml	40 ml
Extracto botánico (quinua)	4 ml	40 ml
Solución conservante	4 ml	40 ml
Base de gel	15 gramos	150 gramos
Fragancia (opcional)	0,5 ml	5 ml
Vitamina E	3,5 ml	35 ml

Indicaciones:

En la primera etapa, necesitarás crema base preparada (la *Base de Crema Básica* en el capítulo anterior es perfecta). Mide la cantidad adecuada, agrega el extracto botánico y la vitamina E. Revuelve bien para incorporar los ingredientes. A continuación, debemos agregar conservantes, seguido del ácido láctico 30%. Mezcla los ingredientes en la crema hasta obtener una mezcla homogénea. La primera etapa ya está completa.

Para la etapa dos, necesitaremos medir la cantidad adecuada de base de gel cosmético (se pueden usar las bases de gel en el capítulo cuatro). Agrega ácido kójico a la base y revuelve suavemente hasta que se combine con la base de gel. Si estás utilizando algún colorante o fragancia, ahora es el momento de agregar estos ingredientes. Combinamos la base de gel con la crema que preparamos en la primera etapa y la mezcla hasta formar una mezcla homogénea. La segunda etapa ya está completa. Tu crema despigmentante ahora está lista para ser envasada, etiquetada y usada. Almacena el producto en un ambiente limpio, fresco y seco.

· ❤ · ❤ · ❤ · ❤ · ❤ ·

Crema Despigmentante Desde Cero

Si no tienes una crema base preparada lista para usar, no te preocupes. Esta receta de crema despigmentante bastante simple le enseñará cómo crear el producto sin usar una base. El ácido kójico se usa comúnmente en productos abrillantadores, pero también se puede agregar al jabón. El ácido actúa inhibiendo la producción de melanina. Con el tiempo, esto reduce la aparición de manchas oscuras y cicatrices. Al igual que con todos los productos despigmentantes, lo mejor es usar esta crema por la noche. Para hacer esta crema despigmentante, necesitarás:

Materiales	Cantidad 100 ml	Cantidad 1 litro
Alcohol cetoestearílico	35 ml	350 ml
Aceite de germen de trigo	30 ml	300 ml
Propilenglicol	15 ml	150 ml
Polisorbato 20	15 ml	150 ml
Ácido kójico	1 ml	10 ml
Solución conservante	4 ml	40 ml
Fragancia y colorantes (opcional)	S.Q. para deseado	S.Q. para deseado

Indicaciones:

En un recipiente limpio, mezcla el alcohol cetoestearílico con aceite de germen de trigo. Esta es la fase aceitosa. En un recipiente separado, comienza la fase acuosa mezclando agua desmineralizada, polisorbato 20 y propilenglicol hasta que esté homogéneo. Sumerge ambos recipientes en otro que contenga agua (baño María). Calentar los ingredientes a 70ºC.

Cuando los ingredientes estén a temperatura, vierte la mezcla de agua desmineralizada en la mezcla de aceite de germen de trigo. Hazlo suavemente, agregando el líquido poco a poco al aceite mientras remueves vigorosamente para emulsionar la mezcla.

Pulveriza el ácido kójico (usando un molinillo o mortero) hasta obtener una consistencia muy fina. Diluye el ácido kójico en polvo con un poco de agua desmineralizada (solo una gota, no uses demasiada agua) y agrega a la mezcla emulsionada de aceite y agua. Agrega el conservante y los ingredientes opcionales. Prueba y ajusta el pH si es necesario y guárdalo en un recipiente hermético lejos de la luz, el calor y la humedad. Un mini embudo puede ayudar a hacer el embotellado un poco más fácil. No olvides añadir una etiqueta con la fecha de tu creación cosmética.

Tónico Despigmentante

Después de limpiar la piel, es aconsejable utilizar un tónico que sea adecuado para tu tipo de piel. Los tónicos son productos maravillosos, eliminan las impurezas de la cara y minimizan los poros. Más importante aún, los tónicos ayudan a mantener el pH de nuestra piel. Este tónico despigmentante es suave, pero efectivo. Incorpora el tóner con la crema despigmentante que se muestra arriba para obtener los mejores resultados de corrección de manchas.

La siguiente tabla enumera todos los ingredientes y cantidades que necesitarás.

Materiales	*Cantidad 100 ml*	*Cantidad 1 litro*
Extracto de Aloe Vera	2 ml	*20 ml*
Extracto de avena	*1 ml*	*10 ml*
Fragancia (opcional)	*0,25 ml*	*2,5 ml*
Solución conservante	*4 ml*	*40 ml*
Ácido láctico 30%	*3 ml*	*30 ml*
Base de gel cosmético	*20 gramos*	*200 ml*
Agua de rosas	*70 ml*	*700 ml*

Indicaciones:

En un recipiente de vidrio limpio, mezcla el aloe vera, el extracto de avena y la base de gel cosmético hasta que se incorporen los ingredientes. Agrega la solución conservante. Ahora añade el agua de rosas poco a poco. El objetivo es diluir suavemente la mezcla para crear una solución uniforme. A continuación, deberás agregar ácido láctico y fragancia. Mezcla para formar un fluido homogéneo y almacenarlo en un recipiente adecuado con una etiqueta.

· ❤ · ❤ · ❤ · ❤ · ❤ ·

Suero Despigmentante de Vitamina C

Para una piel luminosa y clara, ¡sigue leyendo! Este suero de vitamina C es altamente eficaz y súper fácil de hacer. Se recomienda tener este sérum a mano si eres fumadora, ya que ayuda a estimular la producción de colágeno, reduciendo algunos de los efectos nocivos que fumar tiene en nuestra piel (*Hacer serum vitamina C,* 2015). La vitamina C es un ingrediente poderoso y se usa para tratar problemas de la piel causados por el daño solar, las manchas y el acné. El tono de la piel debe mejorar dentro de los tres meses de usar este suero consistentemente. Ten en cuenta que este suero es altamente fotosensible y solo debe aplicarse por la noche. Hacer este potente suero no podría ser más fácil y necesitarás:

Materiales	Cantidad 100 ml	Cantidad 1 litro
Vitamina C en polvo	5 gramos	50 g
Agua desmineralizada	15 ml	150 ml
Glicerina vegetal líquida	80 ml	800 ml

Indicaciones:

En un recipiente de vidrio limpio, disuelve el polvo de vitamina C en agua desmineralizada. Revuelve hasta que la vitamina C esté completamente incorporada. Agrega glicerina vegetal y mezcla bien para crear una solución uniforme. Guarda el suero en un frasco gotero de color ámbar, protegido de la luz, el calor y la humedad.

· ❤ · ❤ · ❤ · ❤ · ❤ ·

Crema Protectora Hidratante

La razón principal por la que usamos cremas de día es para mantener la piel hidratada. Esta crema de día hidratante y protectora ayudará a mantener tu cara suave y bellamente hidratada, eliminando esas sensaciones de incomoda de tirantez. El óxido de zinc proporciona cierta protección contra el sol y puede ayudar a mantener una tez uniforme con el uso regular. Mide cuidadosamente los ingredientes que se muestran en la tabla a continuación y estarás en camino de crear y disfrutar de esta crema facial maravillosa. Ten en cuenta que este producto se prepara en dos etapas.

Materiales	Cantidad 100 ml	Cantidad 1 litro
Crema base	80 gramos	800 g
Extracto botánico (algodón)	4 ml	40 ml
Dióxido de titanio	1 g	10 ml
Solución conservante	4 ml	40 ml
Óxido de zinc	1 g	10 ml
Fragancia (opcional)	0,5 ml	5 ml
Agua destilada	10 ml	100 ml

Indicaciones:

Para la primera etapa, necesitaremos mezclar dióxido de titanio, óxido de zinc y agua para formar una pasta homogénea. Esa es la primera etapa completa. Deje la pasta a un lado por ahora y ponte a trabajar en la etapa dos de la preparación.

Para la segunda etapa, debemos tomar un poco de crema base preparada y agregar extractos botánicos y conservantes. Revuelve hasta que se incorporen los ingredientes. Ahora agrega la pasta de dióxido de titanio y óxido de zinc a la crema base. Agrega colorante cosmético y fragancia si lo deseas. Mezcla bien para crear una mezcla homogénea y empaca en un recipiente adecuado con una etiqueta. Almacena en un ambiente limpio, fresco y seco.

· ♥ · ♥ · ♥ · ♥ · ♥ ·

Ácidos Utiles en Productos Cosméticos

Los ácidos en los productos cosméticos son extremadamente versátiles. En esta sección, recibirás un curso intensivo sobre varios ácidos cosméticos y su uso. Cuanto mejor entendamos nuestros ingredientes y cómo usarlos, más efectivas serán nuestras creaciones cosméticas. Los ácidos se utilizan para hacer cremas, máscaras, sueros, peelings y exfoliantes. En términos generales, estos ingredientes ayudan a exfoliar y limpiar la piel, dándole un aspecto renovado y suave. Por supuesto, debemos tener en cuenta que los ácidos cosméticos, al igual que otros ingredientes cosméticos, deben ser respetados. Siempre sigue las instrucciones y recomendaciones del fabricante para obtener los mejores resultados.

Otra cosa importante para tener en cuenta es que los ácidos que utilizamos para formular cosméticos nunca deben entrar en contacto directo con la piel. Demasiado de algo bueno puede ser perjudicial. Es por eso que medimos cuidadosamente los ingredientes cosméticos y disfrutamos de sus beneficios mezclándolos con un producto base o incorporándolos en formulaciones. Además, los cosméticos que contienen ácidos se utilizan mejor por la noche, ya que algunos de estos ingredientes son fotosensibles. Siempre usa un buen protector solar para ayudar a reducir y prevenir la aparición de manchas y cicatrices.

Hay una restricción menor en el uso de ácidos cosméticos (especialmente los que discutiré en esta sección). Nunca deben usarse con bases de gel de carbopol (*Ácidos en cosmética: ¡Descubre el mejor para tu piel!*, 2020). Esto se debe a que los ácidos cosméticos pueden eliminar completamente la textura de las bases de gel elaboradas con carbopol, dejándonos con un desperdicio inutilizable de ingredientes. Ahora, con esos conceptos básicos fuera del camino, ¡aprendamos más sobre los ácidos cosméticos!

Ácido Hialurónico: Elixir poderoso hidratante y antienvejecimiento

Es probable que la persona promedio esté familiarizada con el nombre de este ingrediente amante de la piel, probablemente a través de campañas de marketing impulsadas por grandes y conocidas marcas de cuidado de la piel. Pero, ¿qué es exactamente el ácido hialurónico y por qué la industria cosmética está tan enamorada de este ingrediente? Cuando te explique la ciencia que está detrás de todo esto, ¡es probable que también te enamores del ingrediente!

El ácido hialurónico se encuentra ampliamente en todo el cuerpo humano. Se puede encontrar en los tejidos conectivos, así como en los tejidos epiteliales y neurales. El ácido hialurónico tiene características únicas y los investigadores querían saber la cantidad de éste presente en el cuerpo humano. Descubrieron que una persona promedio, que pesaba 70 kg, tenía aproximadamente 15 g de ácido hialurónico en el cuerpo (Stern, 2004). El mismo estudio determinó que de este suministro, aproximadamente 5 g (o un tercio) se usan diariamente. Es un componente principal de la matriz extracelular, el ácido hialurónico juega un papel importante en el funcionamiento saludable de las células.

La exposición excesiva a los rayos UV daña las células de la piel al punto de afectar su producción (*Hyaluronic Acid,* 2019). Esta es la razón por la cual la profesión del cuidado de la piel siempre fomentará el uso de protector solar. Dado que el ácido hialurónico juega un papel importante en los procesos naturales de reparación de nuestra piel, la degradación de nuestra piel se acelera cuando estas células producen menos de éste. Todo esto se traduce en una apariencia envejecida. Los productos cosméticos que contienen ácido hialurónico dan un pequeño impulso a los procesos de reparación de la piel, a menudo con resultados impresionantes. Las moléculas de ácido hialurónico pueden capturar hasta 1000 veces su propio peso en agua, lo que explica su efecto profundamente hidratante.

El ácido hialurónico está disponible como líquido o polvo. Necesitaremos disolver el polvo antes de incorporarlo a las formulaciones. Las propiedades regenerativas de este ingrediente lo hacen especialmente valioso para pieles maduras (mayores de 35 años), previniendo la deshidratación, rellenando líneas de expresión o arrugas, y fomentando la producción de colágeno. ¿El resultado? Piel con un aspecto más suave, firme y lozana. ¡Es un ingrediente poderoso y amante de la piel que ciertamente merece la pena considerarlo!

Ácido Glicólico: Renovador celular y reductor de manchas

Los tipos de piel que son propensos a desarrollar acné y manchas se beneficiarán de este ácido. El ácido glicólico también ayuda a mejorar la apariencia de las arrugas, ya que fomenta la renovación celular. También se sabe que el ingrediente tiene una acción de exfoliación, limpiando los poros y eliminando las células muertas de la piel. La piel más limpia absorbe mejor los ingredientes activos, mejorando su efectividad.

El ácido glicólico es útil para desvanecer las imperfecciones. A menudo se utiliza para eliminar manchas y cicatrices de acné, además de estimular la producción de colágeno. En definitiva, el ácido glicólico nos deja una piel clara y luminosa. Dicho esto, es un ingrediente fotosensible y solo debe usarse en formulaciones cosméticas diseñadas para ser utilizadas por la noche.

Ácido Ascórbico: Antioxidante para una Piel Luminosa

¡La Vitamin C es muy popular en productos cosméticos y por una buena razón! Es un poderoso antioxidante, por lo que es útil en la lucha contra las arrugas y líneas de expresión. Al reducir el daño que los radicales libres causan a nuestra piel, el ácido ascórbico ayuda a preservar la elasticidad y la firmeza. La vitamina le da a la piel un brillo luminoso y estimula la producción de colágeno. Este ingrediente es esencial en la cosmética natural.

El ácido ascórbico se puede combinar con vitamina E para desvanecer suave y eficazmente las imperfecciones. Ten en cuenta que la vitamina C es fotosensible, por lo que es mejor usar este ingrediente en productos que están destinados al uso nocturno. Las formulaciones que contienen vitamina C son sensibles al calor y deben mantenerse en un lugar fresco, lejos de la luz directa.

Ácido Salicílico: Nuestro Aliado Contra el Acné

El ácido salicílico se usa comúnmente en productos formulados para tratar el acné. Este ingrediente tiene buenas propiedades antibacterianas y exfoliantes, por lo que es útil para mantener los poros limpios. Ten cuidado con el uso excesivo, ya que puede provocar irritación y sensibilidad. El ácido salicílico actúa como un agente exfoliante suave (agente queratolítico) y ayuda a estimular la renovación celular. El ingrediente se puede utilizar en cremas, sueros, jabones, limpiadores faciales y máscaras. La dosis puede variar entre 0,5% y 2% del peso total de la fórmula.

Kojic Acid: Unificador del Tono de la Piel

Este ácido cosmético inhibe la producción de melanina, por lo que es un ingrediente clave en los productos despigmentantes. Para crear ácido kójico, los fabricantes utilizarán un proceso de fermentación específico que involucra arroz y hongos. Esto da como resultado un ingrediente suave pero efectivo que puede ayudar a igualar el tono de la piel. Es eficaz contra las imperfecciones causadas por la exposición al sol, los desequilibrios hormonales y el proceso de envejecimiento. El ácido kójico es rico en antioxidantes y deja la piel más suave. Cuando uses ácido kójico, debes ser cuidadosa. La dosis típicamente utilizada no debe exceder el uno por ciento del peso total de la formulación utilizada.

Crear cosméticos para combatir el tono desigual de la piel y las imperfecciones es sorprendentemente fácil. Ten mucho cuidado con sus medidas al preparar estos productos. Los ácidos cosméticos son ingredientes increíblemente poderosos y pueden irritar la piel si se usan en dosis incorrectas. Al etiquetar productos despigmentantes para la venta, asegúrate de incluir instrucciones de uso, ya que algunos de los ingredientes son fotosensibles. Las imperfecciones son solo un desafío que enfrenta la piel latina. En el siguiente capítulo, te guiaré sobre cómo crear productos suaves y efectivos para la piel grasa.

· ♥ · ♥ · ♥ · ♥ · ♥ ·

6

Productos para pieles grasas

Uno de los mayores errores que podemos cometer al tratar nuestra piel, es la limpieza excesiva, especialmente los tipos de piel grasa. La limpieza excesiva elimina la piel de aceites beneficiosos, lo que provoca que las glándulas sebáceas produzcan más sebo. Esta secreción ayuda a lubricar la piel y el cabello, pero el sebo también juega un papel vital para mantener intacto el manto ácido protector de la piel (Kunin, s.f.). La piel grasa presenta un desafío único, por lo que es difícil de manejar y con mayor razón si se desea una apariencia mate. Cualquiera que haya experimentado la incomodidad de tener una piel excesivamente aceitosa, sabe de primera mano cómo esto puede afectar nuestra autoestima y confianza en los espacios públicos. Por otro lado, no queremos desnudar demasiado la piel y causar daño al manto ácido. Esta es la razón por la cual los profesionales del cuidado de la piel siempre recomendarán el uso de productos elaborados con base de gel. Estas formulaciones son lo suficientemente suaves como para eliminar el exceso de grasa sin desnudar la piel, formulaciones que te enseñaré en este capítulo. Antes de saltar de cabeza a la parte divertida, es necesario entender algunas cosas sobre la piel grasa:

- **La genética tiene un papel:** si uno de tus padres tiene la piel grasa, es probable que tú también desarrolles piel grasa, ya que es un rasgo familiar (Leiva, 2019).

- **Las fluctuaciones hormonales pueden causar piel grasa:** Ya sea que estemos pasando por la pubertad, la menopausia o momentos estresantes, los cambios en nuestras hormonas pueden desencadenar la producción de exceso de sebo. Los andrógenos son los culpables de esto la mayor parte del tiempo, ya que indican a las glándulas sebáceas que produzcan más aceite.

- **Uso de los productos para el cuidado de la piel incorrecto:** Los geles cosméticos y los productos a base de agua siempre se recomiendan para la piel grasa porque no introducen aceites y grasas adicionales en la piel. Lo que más necesita la piel grasa es mantenerse hidratada. Esto hace que los geles y productos a base de agua sean el vehículo ideal para entregarle ingredientes activos.

- **Los papeles secantes de aceite no agravarán la piel grasa:** Son una gracia salvadora para muchos que tienen una piel excesivamente grasa y nos ayudan a mantener una apariencia mate durante todo el día. Los papeles secantes están diseñados para absorber el exceso de grasa y no irritan la piel cuando se usan correctamente. Cuando uses papeles secantes, solo necesitas seguir una regla: usa el papel a toquecitos, nunca los frotes sobre la piel.

Un signo común de piel grasa incluye notar que tu cara está brillante una o dos horas después de la limpieza. Otros signos incluyen: El maquillaje generalmente tiene poder de permanencia durante el día. Se pueden observar puntos negros visibles, brotes de acné y poros dilatados y la piel se siente grasosa al tacto. No se puede negar que la piel grasa puede ser un desafío para manejarla, pero compartiré algunos consejos que nos ayudarán a aprovechar al máximo nuestras creaciones cosméticas.

- Evita la limpieza excesiva con exfoliantes fuertes. La exfoliación excesiva solo indica a la piel que produzca más aceite.

- Manténte alejada de los emolientes. Necesitamos prevenir la deshidratación en los tipos de piel grasa, haciendo que los geles cosméticos y los productos a base de agua sean el mejor medio para el trabajo.

- Evita usar jabones en barra en la cara. Esto es cierto para todos los tipos de piel, no solo para la piel grasa. Los jabones en barra están llenos de tensioactivos fuertes que pueden eliminar todos los aceites beneficiosos de la piel.

- ¡No te saltes el tóner! Este importante paso ayuda a equilibrar el pH de la piel, ayudando a mantenerla hidratada (Steadman, 2017).

·♥·♥·♥·♥·♥·

Gel Hidratante Diurno para Pieles Grasas

La piel grasa puede deshidratarse, por lo que debemos prestar atención a nuestra hidratación diaria. La hidratación diaria es uno de los pasos principales y más importantes para el cuidado de la piel que podemos tomar para mantener un aspecto joven, saludable y radiante. Los factores externos pueden afectar el contenido de humedad en nuestra piel, a menudo deshidratándola. Esto es válido para todos los tipos de piel.

Se recomienda el uso de geles hidratantes en la cara para suministrar agua y antioxidantes a las células de la piel. No tenemos que preocuparnos demasiado por los emolientes al hacer productos para pieles grasas. Las formulaciones de gel son de textura ligera y se absorben fácilmente, ya que el ingrediente principal es el agua compuesta de pequeñas moléculas de aceite. Hay una buena razón para seleccionar este tipo de producto, ya que nos permite aumentar ligeramente las concentraciones de ciertos ingredientes no ácidos. Esto es necesario para nutrir el rostro a través de una hidratación adecuada sin introducir exceso de grasa. La siguiente tabla detalla los ingredientes que necesitarás para hacer este gel base intensamente hidratante y nutritivo.

Nota importante: Extractos recomendados para su uso en productos cosméticos para pieles grasas: Manzanilla, pepino y arroz orgánico. Aplica el gel después de limpiar el rostro. Masajea suavemente el producto y completa la rutina con protector solar para obtener mejores resultados.

Materiales	*Cantidad 100 ml*	*Cantidad 1 litro*
Extracto de quinua	5 ml	50 ml
Extracto de avena	5 ml	50 ml
Solución conservante	5 ml	50 ml
Gel base cosmético	65 gramos	650 g
Agua destilada	20 ml	200 ml
Fragancia (opcional)	0,2 - 0,5 ml	2 - 5 ml

Indicaciones:

Agrega el agua destilada a la base de gel cosmético (se recomienda la base de gel del Capítulo 4). Vierte el agua destilada poco a poco en la base de gel.

El objetivo es hidratar el gel a medida que mezclamos lentamente los dos ingredientes. Después de esto, podemos agregar la solución conservante y extractos. Si estás utilizando colorantes y fragancias cosméticas, los puedes agregar en esta etapa. Mezcla para formar un producto homogéneo y mide el pH. La acidez debe estar entre 5.9 y 6.1, así que ajústala si es necesario. Almacena el producto en un recipiente adecuado y etiquétalo con la fecha de producción. Almacena en un lugar fresco, seco y mantén el gel alejado de la luz directa.

· ❤ · ❤ · ❤ · ❤ · ❤ ·

Suero Revitalizante para Pieles Grasas

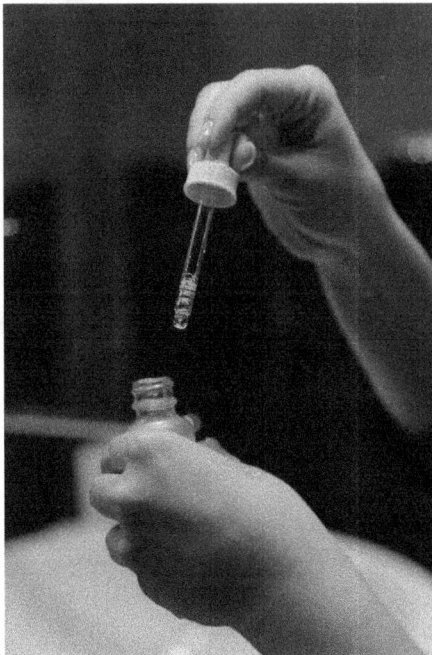

Esta formulación ligera y profundamente hidratante dejará tu piel suave, flexible y sin residuos pegajosos. La siguiente tabla detalla los ingredientes y las cantidades necesarias.

Materiales	Cantidad 100 ml	Cantidad 1 litro
Goma xantana	1 g	10 gramos
Ácido láctico 20%	3 ml	20 ml
Solución conservante	4 ml	40 ml
Ácido hialurónico	2 ml	20 ml
Agua destilada	90 ml	900 ml
Fragancia (opcional)	0,2 ml	2 ml

Indicaciones:

En un recipiente de vidrio limpio, hidrata la goma xantana agregando agua destilada poco a poco. Revuelve lentamente mientras agregas el agua destilada para hidratar completamente la goma. A continuación, debes agregar el conservante, seguido de los ácidos hialurónico y láctico. Todos estos ácidos uno a la vez en la mezcla, revolviendo la goma suavemente para incorporar completamente los ingredientes. Cuando los ácidos estén completamente mezclados en el producto, podemos agregar fragancia si lo deseamos. A partir de aquí, el producto pasa a un recipiente adecuado con una etiqueta. Coloca el suero en un ambiente limpio, fresco y seco.

• ♥ • ♥ • ♥ • ♥ • ♥ •

Gel Limpiador para Pieles Grasas

Uno de los secretos para una piel hermosa y saludable es la limpieza diaria. Los geles limpiadores suaves se encuentran entre los mejores productos para la piel grasa. Estos productos eliminan suavemente las impurezas y el exceso de grasa y entregan eficazmente ingredientes activos a la piel, dejándola luminosa. Compartiré cómo crear este producto, sin embargo, antes es necesario conocer sobre los ingredientes activos que usaremos:

- **Betaína de coco:** Un ingrediente con propiedades surfactantes y un pH casi perfecto. El pH suele oscilar entre cinco y seis, por lo que es altamente compatible con nuestra piel. La betaína de coco tiene propiedades limpiadoras suaves y se usa a menudo en productos diseñados para pieles sensibles y productos para bebés. El ingrediente ejerce un ligero efecto antibacteriano.

- **Extracto de quinua:** Un potente hidratante rico en lisina, útil para prevenir las arrugas y tonificar la piel. La quinua es rica en antioxidantes, que le dan suavidad a la cara y mejoran la elasticidad de la piel. El ingrediente tiene propiedades restauradoras y puede ayudar a reducir la aparición de manchas.

- **Aloe vera:** Esta planta es conocida por sus propiedades curativas y es un ingrediente amante de la piel. Las propiedades astringentes naturales del aloe vera limpian la piel, destapan los poros y eliminan las impurezas. El aloe vera nos da toda esta acción limpiadora sin resecar la piel. Las propiedades antibacterianas también ayudan a garantizar que la piel permanezca más clara durante más tiempo.

Materiales	Cantidad 100 ml	Cantidad 1 litro
Base de jabón líquido	60 ml	600 ml
Cloruro de acetildimetilamonio (Dehyquart)	1 ml	10 ml
Solución conservante	4 ml	40 ml
Cloruro de sodio (espesante)	S.Q. para el espesor deseado	S.Q. para el espesor deseado
Dietanolamida (betaína de coco)	5 ml	50 ml
Agua destilada	30 ml	300 ml

Indicaciones:

Vierte el agua destilada en un recipiente limpio y agrega la base de jabón líquido poco a poco. Revuelve suavemente para mezclar los ingredientes. Siéntete libre de usar la base de jabón mencionada en el Capítulo 4 para crear este producto. A continuación, debemos agregar la solución conservante seguido del Dehyquart. Revuelve para incorporar completamente los ingredientes y ajusta la viscosidad del producto con cloruro de sodio. Finalmente, mide y ajusta el pH y almacena el producto en un recipiente adecuado con una etiqueta y fecha de producción. Lo mejor es utilizar este producto en la piel húmeda. Masajea la piel ligeramente para crear espuma y luego enjuaga para revelar una piel bellamente limpia.

• ♥ • ♥ • ♥ • ♥ • ♥ •

Jabón Facial Dermoprotector

Para aquellos a quienes no les gustan los limpiadores en gel, vale la pena mirar esta formulación de jabón suave. El producto final es adecuado para pieles sensibles y está hecho de ingredientes fáciles de encontrar.

El ingrediente principal es una base de jabón. La base de jabón cubierta en el Capítulo 4 es ideal, pero siéntete libre de usar una base de jabón diferente si lo deseas. La base de jabón que utilices debe ser suave para la piel y neutra. Los extractos de avena y manzanilla se utilizan para reafirmar y suavizar la piel (*Cómo hacer jabón casero para la cara*, 2016). Estos ingredientesson útiles para ayudar a eliminar las imperfecciones y la inflamación, dejando la piel profundamente hidratada. Al agregar un aroma a este tipo de jabón, es mejor usar un hidrosol o agua floral llena de beneficios para la piel. El hidrosol de rosa generalmente cumple con los requisitos, ya que tiene propiedades antiinflamatorias, astringentes y refrescantes. Para hacer 100 CC de este jabón facial líquido, necesitarás:

Materiales	Cantidad 100 CC	Cantidad 1 litro
Base de jabón preparada	90 CC	900 ml
Extracto de manzanilla	4 CC	40 ml
Extracto de avena	4 CC	40 ml
Hidrosol rosa	6 gotas	12 gotas
Coloración de grado cosmético (opcional)	S.Q. para deseado	S.Q. para deseado

Indicaciones:

Mide la cantidad deseada de base de jabón y revuelve suavemente los extractos de manzanilla y avena. Agrega los extractos uno a la vez, poco a poco, mientras mezclas suavemente. Revuelve bien para incorporar completamente los ingredientes. A continuación, agregamos hidrosol de rosa y colorante de grado cosmético si lo deseas y revolvemos hasta que se cree una mezcla homogénea. Transfiere el producto a un recipiente adecuado y etiquétalo con la fecha de producción.

La piel grasa se puede mejorar con rutinas adecuadas de cuidado de la piel y una dieta saludable. Hacer nuestros propios productos para el cuidado de la piel es una excelente manera de garantizar que no introduzcamos ningún ingrediente no deseado en la piel. En el próximo capítulo, echaremos un vistazo más de cerca a los productos antienvejecimiento.

· ❤ · ❤ · ❤ · ❤ · ❤ ·

7

Productos antienvejecimiento

¡Porque todas deseamos que nuestra piel pueda permanecer impecable y joven! El hecho de que tenga algunas arrugas y líneas finas no significa que tus esperanzas de lograr una apariencia más joven y radiante se desvanezcan. Solo un vistazo al pasillo de cosméticos de tu tienda favorita es suficiente para ver que no hay escasez de productos antienvejecimiento disponibles. Algunos funcionan, mientras que otros pueden tener efectos secundarios interesantes pero no deseados. ¡Sin mencionar el precio de algunas marcas! ¿Qué debemos hacer?

Sabemos que la batalla contra las arrugas y las líneas finas es constante, pero con la rutina de cuidado de la piel adecuada, no tiene por qué ser un trabajo arduo. Si tienes más de 30 años, es recomendable que tengas a mano las formulaciones de los productos antienvejecimiento que se analizan en este capítulo. ¡Tu piel te lo agradecerá! Estos productos antienvejecimiento caseros son divertidos de hacer y tienden a ser más baratos y efectivos que la mayoría de los productos disponibles en el mercado

Desmaquillante Bifásico

Nuestros ojos y labios son dos de las partes más sensibles de la cara. La piel está en su punto más delgado en estas áreas, por lo que debemos tener cuidado. Especialmente cuando te quitas el maquillaje. ¿La solución? Un desmaquillante bifásico. La fórmula suave ataca y elimina fácilmente los componentes grasos del maquillaje y los pigmentos, dejando la piel suave y lista para una limpieza profunda. La siguiente tabla detalla todos los ingredientes y las cantidades que necesitarás para crear este producto:

Material	Cantidad 100 ml	Cantidad 1 litro
Aceite mineral	35 ml	350 ml
Aceite de almendras	5 ml	50 ml
Agua destilada	25 ml	250 ml
Extracto de Sabila	5 ml	50 ml
Silicona 245	20 ml	200 ml
Colorante soluble en aceite (opcional)	S.Q. para deseado	S.Q. para deseado
Colorante soluble en agua (opcional)	S.Q. para deseado	S.Q. para deseado
Fragancia	0,25 ml	2,5 ml
Solución conservante	4 ml	40 ml
Miristato de isopropilo	6 ml	60 ml

Indicaciones:

Comienza la fase de aceite mezclando miristato de isopropilo con la fragancia. Incorpora gradualmente el aceite mineral en esta mezcla. Coloca silicona en la mezcla y revuelve bien. Puedes agregar colorantes solubles en aceite a la mezcla si lo deseas. A continuación, debemos comenzar la fase acuosa mezclando agua destilada, colorante de solución de agua (opcional) y la solución conservante. Incorpora el líquido en la fase de aceite poco a poco y remueve constantemente, almacena el producto en un recipiente adecuado y etiquétalo. Para usar, simplemente agita el envase y pon un poco de producto en una bola de algodón o disco para eliminar suavemente el maquillaje. Posteriormente, lava la cara con un gel limpiador.

·♥·♥·♥·♥·♥·

Leche Limpiadora

La leche limpiadora es útil para mantener nuestra cara limpia y desinfectada diariamente, liberando la piel de rastros de maquillaje, células muertas, sudor e impurezas. Esta formulación va más allá al proporcionar una hidratación y tonificación adecuadas de la cara. Para hacer esta formulación suave, inspeccione los ingredientes y las cantidades en la tabla a continuación.

Materiales	Cantidad 100 ml	Cantidad 1 litro
Crema base	40 gramos	400 gramos
Texapon 70	1 ml	10 ml
Tween 20	2 ml	20 ml
Extracto de aloe vera	1 ml	10 ml
Extracto de quinua	2 ml	20 ml
Colorante soluble en agua (opcional)	S.Q. para deseado	S.Q. para deseado
Fragancia (opcional)	0,5 ml	5 ml
Solución conservante	4 ml	40 ml
Agua destilada	50 ml	50 ml

Indicaciones:

Comienza la fase acuosa calentando el agua a 70 ° C. Retíralo del fuego una vez que se haya alcanzado la temperatura. Agrega el Texapon 70 y el Tween 20 al agua y mezcla bien. Ahora necesitamos agregar la mezcla a la crema base y batir hasta que se forme una emulsión uniforme. Continúa batiendo los componentes hasta que se haya enfriado, agregando grad-ualmente el extracto, el conservante y la fragancia. Almacena el producto en un recipiente adecuado y etiquétalo con la fecha de producción. No olvides incluir instrucciones de uso en la etiqueta. Para usar, extiende la leche limpiadora uniformemente sobre la cara con las yemas de los dedos. Masajea el producto en la piel durante unos segundos. Retira con un disco de algodón o una esponja húmeda y enjuaga.

· ♥ · ♥ · ♥ · ♥ · ♥ ·

Crema Nutritiva Antiarrugas Reparadora

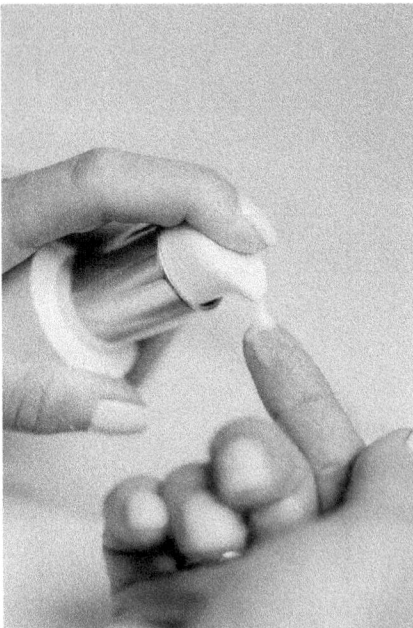

Cuando llega la noche, el cuerpo se prepara para descansar y recuperarse de toda la actividad realizada durante el día, es por eso que los profesion-ales del cuidado de la piel siempre re-comendarán el uso de una crema o sérum reparador por la noche. De-spués de todo, lo que se usa en la cara en ese momento gana tremenda im-portancia. El cuerpo está programado para regenerarse por la noche y ab-sorber nutriente fácilmente durante el descanso; Por lo tanto, se recomien-dan cremas nutritivas para su uso por la noche. Este tipo de crema es más untuosa que las cremas de día, por lo que recomiendo evitar ella si tienes menos de 30 años o tienes una piel propensa a desarrollar acné. Dicho esto, esta crema nutritiva es una emulsión rica que lubrica, suaviza y estimula la renovación y reparación celular. A continuación, he enumerado los ingredientes en la siguiente tabla.

Materiales	Cantidad 100 ml	Cantidad 1 Litro
Crema base	85 g	850 gramos
Extracto botánico	3 ml	30 ml
Aceite vegetal (oliva)	2 ml	20 ml
Aceite vegetal (almendra)	2 ml	20 ml
Solución conservante	4 ml	40 ml
Colorante cosmético soluble en agua (opcional)	S.Q. para deseado	S.Q. para deseado
Fragancia (opcional)	0,5 ml	5 ml
Ácido hialurónico	1 ml	10 ml
Colágeno	1 ml	10 ml
Elastina	0,5 ml	5 ml
Vitamina E	1 ml	10 ml

Indicaciones:

Toma la crema base y agrega lentamente el extracto botánico. Revuelve constantemente para asegurar una mezcla uniforme. A continuación, debemos agregar los aceites naturales y conservantes. Agrega estos ingredientes uno por uno mientras revuelves la mezcla. Agrega el colorante cosmético y la fragancia si lo deseas. Continúa mezclando a medida que agregas ácido hialurónico, colágeno, elastina y vitamina E. Verifica y ajusta el pH si es necesario. El pH debe estar entre 4.9 y 5.1. Envasa el producto en un recipiente adecuado y etiquétala con la fecha de producción junto con las instrucciones de uso. Para usar, aplica el producto todas las noches después de que la cara se haya limpiado con un gel limpiador. Aplica sobre el contorno de ojos y el cuello con un suave masaje.

Los productos antienvejecimiento forman una parte vital del cuidado de la piel a partir de los 30 años. Si bien pueden contener más ingredientes que la mayoría de las formulaciones enumeradas en este libro, aprender a hacer productos cosméticos antienvejecimiento puede ser útil de dos maneras. En primer lugar, nos permite ampliar la línea de productos que podemos ofrecer a los clientes potenciales. Las cremas y sueros antienvejecimiento son productos populares, por lo que tiene sentido expandir esta línea de productos tan demandada a nuestros potenciales clientes. En segundo lugar, los productos antienvejecimiento son notoriamente caros. Cuando aprendemos a hacer estos productos nosotros mismos, es mucho más fácil beneficiarse de las formulaciones recién preparadas. Créeme, hay una diferencia en la eficacia de un producto que ha sido elaborado recientemente frente a uno que ha estado sentado en un estante minorista en algún lugar. Hablando de soluciones efectivas para el cuidado de la piel, en el próximo capítulo, echaremos un vistazo a los productos que podemos hacer para el cuidado de los tipos de piel sensible.

· ♥ · ♥ · ♥ · ♥ · ♥ ·

8

Productos para pieles sensibles

"Piel sensible" es un término que usamos mucho en el mundo del cuidado de la piel. La frase se utiliza para referirse a la piel que se irrita fácilmente. El sol, el viento, la temperatura y algunos productos tópicos pueden contribuir a la reactividad de la piel, haciendo que se ponga roja y presente picazón. En este sentido, "piel sensible" es más un término general que una expresión médica, lo que requiere que tengamos en cuenta las siguientes cosas al crear productos para este tipo de piel.

- **La sensibilidad continua puede indicar una condición subyacente:** la piel de cualquier persona puede reaccionar a los ingredientes utilizados en los productos cosméticos. Estas reacciones suelen ser breves y fáciles de evitar una vez que hemos determinado la causa. Sin embargo, la sensibilidad continua puede ser una señal de que podrías estar lidiando con eczema, rosácea, psoriasis, dermatitis de contacto u otros problemas subyacentes (Nast, 2018). Lo mejor es buscar la ayuda de un profesional del cuidado de la piel si experimentas sensibilidad continua.

- **La sensibilidad de la piel está ligada a la barrera lipídica:** la barrera lipídica es responsable de mantener la humedad en la piel mientras la protege de cosas potencialmente dañinas (productos químicos agresivos, rayos UV, etc.). Cuando la barrera lipídica se ve comprometida, es más fácil para los irritantes penetrar la barrera e inflamar nuestra piel.

- **Es común que la piel madura se vuelva más sensible:** la barrera lipídica tiende a romperse a medida que envejecemos, lo que aumenta la sensibilidad de la piel con el tiempo. Esto se debe a que la barrera lipídica no se reemplaza con tanta frecuencia como en nuestros años de juventud. Esto lleva a que la barrera lipídica se vea comprometida, lo que explica por qué los productos que hemos estado usando sin problema durante años de repente irritan tu piel.

- **Sin perfume y sin fragancia no son sinónimos:** al menos cuando se trata de productos cosméticos, los dos términos no son intercambiables. Los productos sin fragancia son exactamente eso, productos que no contienen ninguna fragancia. Notarás que el uso de colorantes cosméticos y fragancias es opcional en la mayoría de las formulaciones cosméticas y hay una buena razón para esto. La fragancia es con frecuencia la culpable que desencadena la piel sensible. Los productos "sin perfume" aún pueden contener fragancias y otros ingredientes para crear un olor neutro y no se consideran productos sin fragancia.

Si tienes piel sensible, te recomiendo que te realices una prueba de parche antes de agregar un nuevo producto a tu rutina. Para realizar la prueba del parche, simplemente toma una pequeña cantidad de producto y aplícala en la parte delicada de la muñeca. Observa el sitio de aplicación por algunas horas. Si no se produce ninguna reacción, el producto se puede agregar de manera segura a tu rutina. Dicho esto, es mejor mantener la rutina de cuidado de la piel simple. Una espuma limpiadora suave, un tónico calmante y una crema hidratante son todo lo que necesitarás en la mayoría de los casos. Estos productos son más suaves para la piel y relativamente fáciles de hacer. ¡Solo echa un vistazo!

· ♥ · ♥ · ♥ · ♥ · ♥ ·

Espuma Limpiadora

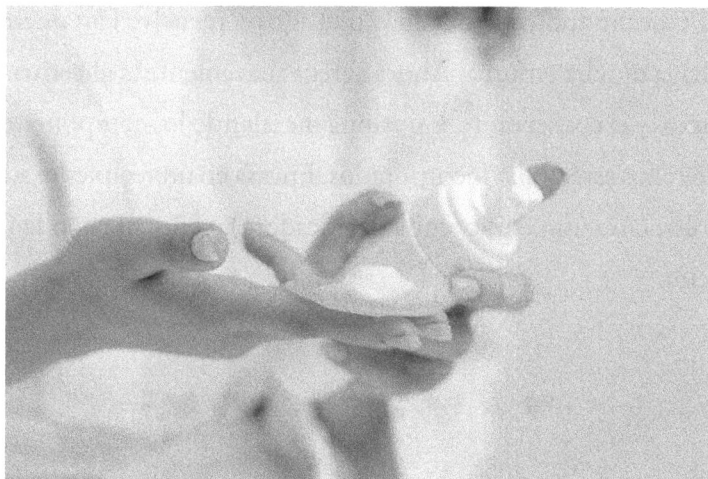

La espuma limpiadora es un producto muy sencillo. Es un limpiador con un alto potencial de espuma, que se vuelve espumoso a medida que te enjabonas la cara. El producto que aprenderás a formular es suave, elimina la suciedad e impurezas que se encuentran en la piel y en los poros, dejando en tu rostro una sensación y un aspecto más fresco. Para hacer esta formulación, mide cuidadosamente los ingredientes detallados en la siguiente tabla:

Materiales	Cantidad 100 ml	Cantidad 1 litro
Extracto de quinua	2 ml	20 ml
Extracto de avena	2 ml	20 ml
Glicerina vegetal líquida	6 ml	60 ml
Solución conservante	5 ml	50 ml
Cocamidopropil betaína	10 ml	100 ml
Agua destilada	75 ml	750 ml

Indicaciones:

Vierte la Cocamidopropyl betaína en el agua y revuelve lentamente, para que no haga mucha espuma. Ahora agrega suavemente la glicerina vegetal, los extractos y el conservante. Continúa mezclando los componentes hasta que todos ellos estén bien incorporados. Envasa en un recipiente adecuado (preferiblemente uno con bomba dosificadora) y etiqueta con la fecha de producción.

· ❤ · ❤ · ❤ · ❤ · ❤ ·

Crema Hidratante para Pieles Sensibles

Este producto ayuda a fortalecer la piel mejorando la elasticidad y la apariencia de las líneas de expresión para dar un aspecto rejuvenecido. En la piel sensible, la deshidratación puede causar irritación, que a menudo genera dolor, sensibilidad y picazón. Esto se debe a que la barrera protectora de esta piel puede ser débil. Con esta crema hidratante, ayudamos a la piel a fortalecer la barrera lipídica y recuperar los niveles de humedad logrando hacerla más fuerte y resistente a los contaminantes externos, la exposición a bajas temperaturas y el aire seco.

Con el uso diario de la crema hidratante, se garantiza que mejorará la apariencia de tu piel visiblemente. Podrás disfrutar de una tez luminosa a medida que el producto penetra profundamente en tu piel, mejorando la elasticidad y brindando la hidratación que tanto necesitas. Para hacer esta crema amante de la piel, mide cuidadosamente los ingredientes en la tabla a continuación y sigue las instrucciones.

Materiales	*Cantidad 100 ml*	*Cantidad 1 litro*
Crema base	85 g	850 gramos
Extracto botánico (algodón)	4 ml	40 ml
Extracto botánico (quinua)	4 ml	40 ml
Solución conservante	4 ml	40 ml
Colorante cosmético soluble en agua (opcional)	S.Q. para deseado	S.Q. para deseado
Fragancia (opcional)	0,5 ml	5 ml
Vitamina E	2,5 ml	25 ml

Indicaciones:

Pesa la crema base con cuidado. Agrega los extractos botánicos a la crema mientras revuelves constantemente. Agrega los extractos uno a la vez. Revuelve el conservante y agrega los ingredientes opcionales si así lo deseas (colorante y fragancia). Agrega la vitamina E y revuelve para formar una mezcla homogénea. Prueba y ajusta el pH, debe tener una acidez de entre 4.9 y 5.1. Después de ajustar el pH, guarda el producto en un recipiente adecuado y etiquétalo con la fecha de producción. Almacena en un ambiente fresco y seco. Para usar el producto, simplemente aplíquelo en la cara con un suave masaje después de usar un gel limpiador y un tónico descongestionante. Para complementar la rutina diaria, usa una crema nutritiva por la noche.

Tónico para Pieles Sensibles

La limpieza facial diaria puede dejar los poros irritados y dilatados. Este tónico facial ayuda a descongestionar y refrescar la piel, devolviéndole su suavidad y luminosidad. También ayuda a mejorar la circulación sanguínea y promover la regeneración celular, dando una sensación de firmeza y elasticidad por su efecto emoliente, protegiendo la piel de la fatiga diaria. Para crear este producto, sigue los ingredientes, medidas e instrucciones que se indican a continuación.

Nota importante: Los extractos recomendados para la piel seca incluyen zanahorias y frutas no cítricas. Los extractos de manzanilla, pepino y arroz orgánico son los mejores para la piel grasa.

Materiales	Cantidad 100 ml	Cantidad 1 litro
Extracto de quinua	1 ml	10 ml
Extracto de avena	1 ml	10 ml
Extracto de manzanilla	3 ml	30 ml
Solución conservante	5 ml	50 ml
Propilenglicol	10 ml	100 ml
Agua destilada	80 ml	800 ml

Indicaciones:

En un tazón de vidrio limpio, combina la quinua, el extracto de avena y el extracto de manzanilla. Sigue revolviendo a medida que agregas la solución conservante a continuación. Revuelve hasta que los ingredientes estén completamente mezclados seguido, agrega agua destilada en pequeñas cantidades a la vez a medida que remueves continuamente. Sigue esto con Propilenglicol y mezcla para formar un líquido homogéneo. Conserva en un recipiente adecuado (preferiblemente con tapón rociador) y etiqueta con la fecha de producción. Recuerda limpiar la cara antes de usar el tónico. Para una fácil aplicación, simplemente rocía el tóner en la cara y deja que se seque naturalmente. Úsalo por la mañana, por la noche o durante el día para refrescar la piel.

El cuidado regular con productos suaves puede marcar una diferencia dramática en tu rostro sensible. Los productos discutidos en este capítulo están diseñados para calmar este tipo de piel, dejándola flexible y radiante. Para sacar un mayor provecho de nuestro cuidado facial, necesitamos usar productos diseñados para nuestro tipo de piel y los problemas que queremos abordar. Un problema que puede aparecer sigilosamente sin sospechar son los círculos oscuros, pero echaremos un vistazo más de cerca a los productos para tratarlos en el próximo capítulo.

9

Productos para ojeras

Muchas mujeres luchan contra la hipocromía idiopática del anillo orbital (ojeras). Estas marcas pueden aparecer debajo de los ojos incluso cuando el mejor régimen de cuidado de la piel se sigue religiosamente. La mayoría de las veces, asumimos que las ojeras son causadas por la falta de sueño, pero no es tan simple. Hay muchas cosas que contribuyen a la formación de ojeras como el cansancio, el envejecimiento, las alergias, cambios hormonales, la desnutrición, el tabaquismo, los problemas de circulación y la protección solar inadecuada. El amplio alcance de las causas hace que las ojeras sean un problema bastante común, que se ve agravado por el hecho de que nuestro contorno de ojos generalmente tiene bajos niveles de colágeno. Esto permite que los fluidos y las toxinas se acumulen debajo de la piel, lo que resulta en esa apariencia de ojos de mapache que todos conocemos y detestamos. Si bien las ojeras y las bolsas debajo de los ojos a menudo ocurren juntas, las dos no son lo mismo. Las ojeras se relacionan específicamente con un aumento de la pigmentación en el área de los ojos. El color de las ojeras suele darnos una pista de cuál puede ser la posible causa. Echemos un vistazo más de cerca.

- **Ojeras transitorias**

Estos tipos de ojeras tienen un color azul distintivo. Son bastante fáciles de reconocer y tratar. La causa principal es la fatiga. Las opciones de estilo de vida saludable y asegurarse de dormir lo suficiente y de calidad contribuirán en gran medida a mantener esas manchas azules bajo control. Si estás trabajando de forma remota y mirando la pantalla de una computadora durante la mayor parte del día, recuerda tomar descansos regulares de 20 minutos. Esto ayuda a descansar los ojos, reduciendo la aparición de ojeras transitorias. La deficiencia de hierro a menudo está relacionada con las ojeras, por lo que asegurarse de que tu dieta contenga suficiente hierro es otro paso preventivo que se puede tomar. Si las ojeras transitorias van acompañadas de bolsas debajo de los ojos, puede ser necesario ajustar su consumo de sal.

- **Ojeras hiperpigmentadas**

Estas ojeras son de color marrón. Son causadas por el aumento de la producción de melanina en el área. La mala noticia es que las ojeras hiperpigmentadas suelen ser de origen genético y son las más difíciles de tratar. Las opciones de tratamiento están disponibles y profesionales bien capacitados podrán orientarte en la dirección correcta. Los tratamientos tópicos para las ojeras hiperpigmentadas generalmente se centran en mantener la piel hidratada y proporcionar cierta firmeza al contorno de los ojos.

- **Ojeras hundidas**

Estas marcas también se llaman surcos. Aparecen cuando experimentamos pérdida de grasa en el área de los ojos y van desde la esquina interna del ojo hasta la mejilla. Estas ojeras aparecen principalmente debido al envejecimiento, problemas de salud, deshidratación o deficiencias vitamínicas.

- **Ojeras vasculares**

De color púrpura o azul oscuro, estas ojeras son causadas principalmente por la dilatación de los vasos sanguíneos y el adelgazamiento de nuestra piel en el área de los ojos. Las alergias son a menudo el desencadenante. Cuando el cuerpo reacciona a una alergia, las histaminas se liberan en el torrente sanguíneo, lo que dilata los vasos sanguíneos (Watson, 2020). Los vasos sanguíneos dilatados se vuelven más visibles debajo de la piel y aparecen como marcas púrpuras o azul oscuro debajo de nuestros ojos. En caso de apuro, una compresa fría con té negro o té verde ayudará a reducir los vasos sanguíneos dilatados, reduciendo la apariencia de ojos hinchados.

Prevención de las Ojeras

El viejo adagio "la prevención es mejor que la cura" ciertamente parece ser cierto aquí. Nuestros ojos acentúan nuestra belleza natural y las antiestéticas ojeras despojan a la cara de esa apariencia juvenil y radiante. Cuando nos despertamos con ojeras, una reacción normal sería alcanzar el kit de maquillaje para ocultar la apariencia de las mismas. Hacerlo solo enmascara el problema y no lo aborda. Además, el uso diario de maquillaje tiene un inconveniente, ya que puede fomentar que el proceso de deterioro se acelere cuando no se elimina correctamente. Unos pocos ajustes simples en tu estilo de vida pueden recorrer un largo camino para evitar que se formen la mayoría de las ojeras. Sin embargo, algunas ojeras pueden persistir incluso después de que se abordan los factores reversibles. Para estos casos, es mejor confiar en la experiencia de un profesional del cuidado de la piel. En términos generales, los ajustes de estilo de vida necesarios para prevenir la mayoría de las ojeras son:

- **Usa gafas de sol:** Las gafas de sol que tienen filtros UVA y UVB de calidad son las mejores para proteger el área delicada de los ojos de esos rayos fuertes. No olvides usar un protector solar antes de salir.

- **Duerme lo suficiente:** La mayoría de los adultos necesitan alrededor de nueve horas de sueño cada noche. Tener una rutina a la hora de acostarnos puede ayudar a mejorar la calidad de nuestro sueño, especialmente cuando evitamos usar dispositivos móviles en la cama.

- **Ten una dieta saludable:** Cuando comemos una dieta sana y equilibrada, nuestra piel está radiantemente feliz. Asegúrate de que tu dieta contenga suficientes vitaminas C y K, así como zinc y hierro. Estos nutrientes ayudarán a prevenir la aparición de ojeras relacionadas con una mala alimentación.

- **Tranquila con la cafeína:** El consumo excesivo de cafeína puede provocar inquietud y problemas para dormir, lo que fomenta la aparición de ojeras. Reducir el consumo de bebidas con cafeína nos ayuda a descansar mejor, reduciendo así la aparición de ojeras muy prevenibles.

- **No descuides la hidratación:** Nuestros cuerpos necesitan una hidratación adecuada para funcionar correctamente, especialmente cuando se trata de la circulación sanguínea. Los problemas con la circulación generalmente aparecen en los vasos sanguíneos, manifestándose como círculos oscuros debajo de los ojos. Evitar la deshidratación es uno de los pasos más fáciles que podemos tomar para prevenir las ojeras mientras damos un impulso a nuestra piel y cuerpo.

- **Aplica un contorno de ojos:** Estos productos están especialmente formulados para tratar el área sensible alrededor del ojo sin causar irritación. El uso de cualquier crema hidratante en el área de los ojos puede promover el envejecimiento prematuro y no hará nada por las ojeras. Para tratar eficazmente las ojeras, lo mejor es utilizar un contorno de ojos que nutra profundamente la piel mientras trata la pigmentación irregular.

- **Haz que tu corazón bombee:** El ejercicio regular es importante para mantener tu sistema circulatorio en buen estado de funcionamiento y ayuda con la eliminación de la retención de líquidos. El ejercicio también es una excelente manera de deshacerse del estrés y la energía acumulada que pueden estar interfiriendo con una buena noche de descanso.

- **Tratar las alergias:** Mantenerse alejada de las alergias o recibir un tratamiento adecuado ayudará a mantener la reacción inmune (y los resfriados) bajo control. Nunca te frotes los ojos si te pican. Los vasos sanguíneos son bastante frágiles y se dañan fácilmente cuando nos frotamos los ojos.

La apariencia de las ojeras, incluso las hereditarias difíciles, se puede mejorar con los productos de cuidado adecuados. Con los avances en la tecnología de tratamiento, hay opciones disponibles para las personas que desean deshacerse de estos gremlins. Los tratamientos profesionales pueden variar desde peelings y tratamientos con láser hasta opciones quirúrgicas. Para aquellos que prefieren tratamientos tópicos para tratar las ojeras leves a moderadas, los productos detallados en este capítulo pueden ser lo que estás buscando.

· ♥ · ♥ · ♥ · ♥ · ♥ ·

Crema de Contorno de Ojos

La piel alrededor de los ojos es el área más frágil de la cara. La piel en esta área es increíblemente delgada y se deshidrata rápidamente. Esto puede conducir a una pérdida de firmeza y calidad en la circulación con el tiempo, fomentando la aparición de líneas de expresión. Por lo tanto, las formulaciones de crema para el contorno de ojos deben ajustar el pH de la piel para evitar posibles irritaciones. La formulación que te enseñaré en esta sección está llena de ingredientes activos que estimulan la circulación sanguínea, mejoran la apariencia de las ojeras, aumentan la hidratación, proporcionan agua en los surcos de la piel e inhiben la acción de los radicales libres. Ten mucho cuidado al medir los ingredientes en la tabla a continuación, teniendo en cuenta el área sensible para la que está destinado el producto.

Materiales	Cantidad 100 ml	Cantidad 1 litro
Extracto de cafeína	1 ml	10 ml
Extracto de manzanilla	1 ml	10 ml
Extracto de quinua	1 ml	10 ml
Vitamina E	2 ml	20 ml
Crema base	10 gm	100 gm
Solución conservante	5 ml	50 ml
Gel base cosmético	70 gm	700 g
Agua destilada	10 ml	100 ml

Indicaciones:

En un recipiente de vidrio limpio, mezcla el gel base cosmético con extracto de cafeína, manzanilla y quinua. Agrega estos ingredientes uno a la vez al gel base y revuelve continuamente hasta que todos estén completamente incorporados. A continuación, debemos hidratar la preparación agregando agua destilada. Agrega el agua poco a poco a medida que continúes removiendo. Toma la mezcla de gel y añádela a la crema base, poco a poco, a medida que sigues removiendo. El objetivo es crear una mezcla homogénea. Finalmente, agrega la vitamina E y la solución conservante a tu creación cosmética. El producto ya está listo para ser envasado y etiquetado. Para usar la crema, toma una pequeña cantidad y da palmaditas suaves (no frotes) con el producto en el área alrededor de los ojos. Usa movimientos de suaves en el hueso del ojo de adentro hacia afuera con el dedo índice.

• ♥ • ♥ • ♥ • ♥ • ♥ •

Crema de Gel de Contorno de Ojos

Se cree que el contorno de ojos de una cara grasa, debido a que contiene exceso de lípidos, no necesita ser nutrido. Con la edad, la actividad de las glándulas sebáceas aumenta, pero a su vez, hay una disminución de los lípidos hidrófilos que retienen el agua, especialmente en el área arrededor de los ojos, por lo que la humedad natural de la piel se pierde por evaporación. Esta crema en gel es ideal para aquellos con pieles grasas.

Materiales	Cantidad 100 ml	Cantidad 1 litro
Extracto de quinua	2 ml	20 ml
Extracto de avena	2 ml	20 ml
Extracto de cafeína	2 ml	20 ml
Extracto de aloe vera	2 ml	20 ml
Vitamina E	1 ml	10 ml
Glicerol	1 ml	10 ml
Solución conservante	5 ml	50 ml
Gel base cosmético	65 gramos	650 g
Agua destilada	20 ml	200 ml
Fragancia (opcional)	0,2 - 0,5 ml	2 - 5 ml

Indicaciones:

En un recipiente limpio, mide cuidadosamente la cantidad requerida de base de gel cosmético. Agrega agua lentamente al gel y revuelve continuamente para hidratar la mezcla. Revuelve suavemente la solución conservante. Añade los extractos uno a uno. Sella el recipiente y agita bien. Agrega vitamina E y glicerina a la mezcla y revuelve bien. En este punto, puedes agregar fragancia y colorante si lo deseas. Mide el pH, debes tener una acidez entre 5.9 y 6.1. Ajusta el pH si es necesario y empaca el producto en un recipiente adecuado. No olvides indicar las instrucciones de uso y la fecha de producción en la etiqueta. Para usar, aplica el producto por la noche después de que te hayas limpiado la cara. Aplica el producto en la cara y masajea suavemente hasta que se absorba por completo.

Suero Fortalecedor para Pestañas y Cejas

Este suero fortalecedor nutre y fortalece los folículos pilosos para pestañas y cejas más llenas y fuertes. El suero está lleno de ingredientes nutritivos que mantienen las pestañas y las cejas suaves y fáciles de manejar. No hay necesidad de usar conservantes en esta formulación, las propiedades antioxidantes de la vitamina E ayudarán a mantener el producto estable.

Materiales	Cantidad 100 ml	Cantidad 1 litro
Aceite de ricino	50 ml	500 ml
Aceite de almendras	20 ml	20 ml
Vitamina E	5 ml	50 ml
Colágeno	5 ml	50 ml
Biotina	10 ml	100 ml
Aceite de argán	10 ml	100 ml

Indicaciones:

En un recipiente de vidrio limpio, mezcla los aceites de ricino, almendras y argán. Agrega biotina a la mezcla de aceite y continúa mezclando hasta que el ingrediente esté completamente incorporado. A continuación, debemos agregar vitamina E y revuelve completamente en la mezcla de aceite. Por último, agrega el colágeno para formar una mezcla homogénea. Almacena en un recipiente adecuado, (una botella con un cepillo aplicador funciona mejor) etiqueta con la fecha y las instrucciones de uso. Para usar, cepilla ligeramente el aceite en sus cejas y pestañas por la noche. Permite que el producto haga su magia durante toda la noche. Lava el suero a la mañana siguiente, siguiendo tu rutina de limpieza habitual.

Las ojeras no tienen que ser una sentencia de por vida. Con los productos adecuados y las opciones de estilo de vida saludable, podemos mejorar drásticamente su apariencia, lo que resulta en una cara radiante y de aspecto más joven. Cabe señalar que algunas ojeras pueden necesitar tratamiento profesional para mejorar. Si tus ojeras son hereditarias o no mejoran, busca la ayuda de un profesional del cuidado de la piel. Por supuesto, ningún régimen de cuidado de la piel está completo sin bálsamo labial, un producto complementario que aprenderemos a hacer en el próximo capítulo.

· ❤ · ❤ · ❤ · ❤ · ❤ ·

10
Productos complementarios

Hasta este punto, hemos discutido cómo hacer varios cosméticos y hemos aprendido sus conceptos básicos, los cuales son vitales para cualquier buen régimen de cuidado de la piel. Para aquellos que son nuevos en el mundo de los productos cosméticos de bricolaje, puede ser un poco intimidante comenzar a crear cremas antienvejecimiento o espumas limpiadoras desde el principio. Sin embargo, no hay necesidad de preocuparse, si sigues los principios cosméticos destacados al principio del libro, ¡tus creaciones saldrán bien! Siempre es una buena idea desarrollar un poco de confianza al desarrollar una nueva habilidad, así que comienza por crear productos simples antes de sumergirte en formulaciones cosméticas más complejas y exigentes en ingredientes. Una buena opción para comenzar a construir nuestra confianza en la creación cosmética es mediante la creación de bálsamos labiales. Este producto simple y efectivo es imprescindible para mantener a raya los labios agrietados y lo convierte en un excelente producto para expandir tu posible línea de cuidado de la piel. En este capítulo, echaremos un vistazo a cómo se crean los bálsamos labiales, exfoliantes faciales y sueros, además compartiré recomendaciones adicionales a tener en cuenta al formular productos.

· ❤ · ❤ · ❤ · ❤ · ❤ ·

Bálsamo Labial Nutritivo

No se puede negar que los labios suaves y besables se suman a nuestra belleza, y hay muchas razones por las que debemos usar bálsamos labiales regularmente. La piel de nuestros labios es bastante delgada y propensa a secarse. Cualquiera que se haya lamido los labios demasiadas veces sabrá lo rápido que nuestros labios pueden pasar de suaves y regordetes a algo que se asemeja a una criatura escamosa que salió del desierto de Chihuahua. Los bálsamos labiales son una solución fácil y efectiva para este problema. Además, el uso de bálsamos labiales para aplicar lápiz labial ayudará a evitar que ese toque de color seque los labios en primer lugar. La formulación base compartida en la siguiente tabla se puede personalizar con diferentes sabores y colores. Es un producto divertido de hacer!

Materiales	Cantidad 100 ml	Cantidad 1 litro
Cera de abeja	20 gramos	200 gramos
Manteca de cacao	30 g	300 g
Aceite de almendras	40 ml	400 ml
Esencia comestible	10 gramos	100 gramos
Vitamina E	0,5 ml	5 ml
Colorante soluble en aceite	S.Q. para deseado	S.Q. para deseado

Indicaciones:

Usando una caldera doble o baño maría, derrite y calienta la cera de abejas con la manteca de cacao. Los ingredientes fundidos deben alcanzar una temperatura de 50 °C. Poco a poco, incorpora el aceite de almendras en la mezcla derretida y retírala del fuego. Agrega la esencia comestible hasta que esté completamente incorporada. Deja enfriar la mezcla a 40 °C, en este punto podemos añadir colorante y aromatizar el producto. Deja enfriar el producto y envásalo en un recipiente adecuado con una etiqueta.

• ♥ • ♥ • ♥ • ♥ • ♥ •

Bálsamo Labial de Frambuesa

Esta fórmula es una mezcla de dos ceras naturales. La cera de carnauba es un emoliente que ayuda a suavizar la piel. La cera tiene propiedades similares a la cera de abejas blanca, por lo que estas ceras se pueden combinar (Raspberry Lip Balm, 2019). La mica en la formulación es responsable del color. La mica se utiliza para la fabricación de velas y artesanías y tiene un origen mineral. El polvo nacarado se puede utilizar para añadir color y brillo a los bálsamos labiales, lápices labiales y otras creaciones cosméticas. Para hacer este suntuoso bálsamo labial de frambuesa, necesitarás:

Materiales	Cantidad 100 ml	Cantidad 1 litro
Cera de carnauba	10 ml	100 ml
Aceite de ricino	77 ml	770 ml
Cera de abeja blanca	8 ml	80 ml
Vitamina E	1 ml	10 ml
Bálsamo de esencia de frambuesa	S.Q. para deseado	S.Q. para deseado
Mica rubí	S.Q. para deseado	S.Q. para deseado
Brillo cosmético	S.Q. para deseado	S.Q. para deseado

Indicaciones:

Pesa cuidadosamente las ceras y el aceite de ricino en un recipiente limpio. Derrite los ingredientes a baño María. Tendrás que remover constantemente y tener cuidado de no dejar que la temperatura suba demasiado. A continuación, debemos agregar vitamina E a la mezcla, seguida de bálsamo con la esencia. Mezcla bien para que el aroma se disperse uniformemente. Vierte un poco de la mezcla derretida en un recipiente separado y mezcla la mica. Revuelve la mezcla de mica y cera vigorosamente durante unos minutos para dispersar uniformemente el color. Vierte la mezcla coloreada en la mezcla de cera derretida cuando esté lista, y revuelve bien para crear una mezcla homogénea. Por último, para darle un toque de glamour, podemos añadir el brillo cosmético. Recuerda remover bien la mezcla. El producto ahora se puede empaquetar y etiquetar.

Exfoliante Facial

Todos los tipos de piel se pueden exfoliar, pero no todos los agentes exfoliantes son adecuados para todo tipo de piel. A la piel delicada le irá mejor con exfoliantes que utilizan partículas de bambú o celulosa, ya que estas partículas son muy suaves (*Cream Face Scrub*, 2020). Para el tipo de piel madura, las semillas de uva, el bambú o los frijoles adzuki son buenas opciones. Para pieles propensas al acné y grasas, podemos agregar un poco de carbón activado a la formulación para fomentar una limpieza profunda. Las arcillas ibéricas también son otra forma de exfoliar la piel. Si no estás segura de qué agente exfoliante usar, lo mejor es optar por perlas exfoliantes de cera biodegradables. Estas pequeñas partículas son suaves y se pueden usar en todo tipo de piel. Cualquiera que sea el agente exfoliante que utilices, asegúrate de que las partículas sean redondas, o bien, corremos el riesgo de dar micro rasguños en la piel al usar el producto. Las siguientes pautas detallan cómo crear un exfoliante básico.

Materiales	*Cantidad 100 ml*	*Cantidad 1 litro*
Gel base cosmético	75 gramos	750 gramos
Extracto de arroz	5 ml	50 ml
Extracto de rosa	5 ml	50 ml
Exfoliante redondo de 200 micras	10 ml	10º ml
Aceite de almendras	5 ml	50 ml
Solución conservante	4 ml	40 ml
Colorante soluble en aceite	S.Q. para deseado	S.Q. para deseado
Fragancia	0,2 - 0,5 ml	2 - 5 ml

Indicaciones:

Pesa el gel base cosmético en un recipiente y añade los dos extractos. Mezcla los ingredientes con una espátula y añade suavemente las partículas exfoliantes a la mezcla. A continuación, debemos agregar el conservante. Revuelve bien la mezcla y agrega unas gotas de tinte (opcional). Revuelve la mezcla durante unos minutos para asegurar una apariencia homogénea y envasa en un recipiente adecuado. Etiqueta con la fecha y las instrucciones de uso. Para usar, limpia tu cara y aplica el producto con las yemas de los dedos. Usa movimientos pequeños y circulares para exfoliar suavemente, enjuaga y completa tu rutina de cuidado de la piel.

Suero para Todo tipo de Pieles

A partir de los 30 años, la piel comienza a mostrar signos de envejecimiento. Este es un momento en que el uso de suero se vuelve esencial. Formulada para ser fácilmente absorbida, este producto suave y no graso le da a la piel una sensación duradera y aterciopelada. Como siempre, mide los ingredientes cuidadosamente cuando sigas las instrucciones a continuación.

Materiales	Cantidad 100 ml	Cantidad 1 litro
Fragancia	1 ml	10 ml
Silicona 9040	60 ml	600 ml
Silicona 1501	10 ml	100 ml
Silicona 245	10 ml	100 ml
Miristato de isopropilo	10 ml	100 ml
Vitamina E	0,5 ml	5 ml
Ácido hialurónico	10 ml	100 ml

Indicaciones:

En un recipiente limpio, mezcla la silicona 1501 con silicona 245. Incorpora la silicona 9040 a esta mezcla. Deja la mezcla a un lado por un momento. En un recipiente separado, mezcla la fragancia con miristato de isopropilo. Agrega vitamina E a la mezcla de fragancias y revuelva para crear un compuesto uniforme. Ahora tenemos que tomar nuestra mezcla de fragancias y agregar la a la mezcla de silicona. Empaque en un recipiente adecuado, etiqueta con la fecha de producción y añade las instrucciones de uso. Para una aplicación fácil e higiénica, usa un gotero después de la limpieza y tonificación de tu rostro.

Recomendaciones

Todas las formulaciones propuestas en este material son seguras para su uso como productos cosméticos en tu piel. Los conservantes sugeridos ahora son los más efectivos para proteger tus cremas y geles de agentes externos como hongos, levaduras y bacterias; sin embargo, mencionaré en la siguiente tabla alternativas de conservantes en caso de que decidas probar otras opciones:

Conservantes alternativos	
Producto	**Dosis**
Ácido benzoico + benzoato de sodio	0,1% - 0,5%
Ácido salicílico	0,1% - 0,5%
Caprylyl glycol	0,3% - 1%
Extracto de semilla de pomelo	1% - 2%
Fenoxietanol	0,5% - 1%
Monolaurato de glicerilo	0.1% - 1%
Sorbato de potasio + benzoato de sodio	0,1% - 0,5%
Tocoferol (vitamina E)	0,1 % - 1%
Aceite esencial de zanahoria	1% - 2%
Extracto de romero	2% – 10%

Las formulaciones de tus productos se crean para obtener los niveles de pH adecuados; sin embargo, te sugiero que siempre midas el pH del producto antes del envasado para asegurarte de que esté en el nivel de pH correcto. Para ajustar el nivel de pH de forma segura, ten en cuenta lo siguiente:

- Para alcalizar el producto, debes usar trietanolamina.

- Para acidificar el producto, debes usar ácido cítrico.

Estos componentes tendrán que ser administrados gota a gota hasta alcanzar el pH deseado. Recuerda siempre respetar los ingredientes que utiliza. Eso significa optar por ingredientes de calidad, almacenarlos de manera segura y medirlos con precisión. Cuando respetamos nuestros ingredientes y el tipo de piel para el que formulamos productos, los productos de alta calidad nacen naturalmente.

· ❤ · ❤ · ❤ · ❤ · ❤ ·

11

Conclusión

A las mujeres latinas se nos enseña desde una edad temprana por nuestras madres y abuelas que está perfectamente bien deleitarse consigo mismas. Nos han enseñado que vale la pena el tiempo y el esfuerzo que se necesita para cuidar nuestra piel y aplicar nuestro maquillaje perfectamente. ¡Los resultados hablan por sí solos! Incluso si otras personas pueden ver este hábito de belleza como indulgente, las latinas saben cómo cuidarse a sí mismas, y han abrazado la belleza de todo corazón. ¡No es de extrañar que cuatro de los países que producen la mayor cantidad de ganadoras de concursos de belleza (específicamente en Miss World y Miss Universo) provengan de América Latina! Venezuela, Brasil y Puerto Rico han hecho mucho para mantener altos los estándares de belleza en estos concursos.

Con gran parte de nuestra cultura, y por extensión de nuestra identidad, que depende de una piel perfecta, es comprensible cómo las ojeras, el acné, las manchas de pigmentación y las arrugas causan estragos en nuestra autoestima. Después de todo, nos enorgullecemos de mantener una apariencia joven y hermosa. Algunas mujeres pueden incluso sentirse desnudas si salen de la casa sin maquillaje . Esto no es porque seamos vanidosos, sino porque sabemos que valemos la pena el esfuerzo. Nos encanta vernos y sentirnos bien, y no tenemos miedo de derrochar en productos de calidad.

Ahora, te pregunto: ¿Qué es mejor que encontrar tu marca favorita de crema facial en oferta? ¡Haciendo tus propios productos cosméticos! Comenzamos esta pequeña aventura con una inmersión profunda en el importante papel que desempeña el pH en la piel y los cosméticos, investigamos cómo establecer un laboratorio de cosméticos en casa y profundizamos en varios productos básicos cosméticos para formular en casa. Hay muchas razones por las que las personas eligen crear sus propios productos cosméticos, pero me pareció una salida divertida y creativa. ¡Crear cosméticos es tanto una ciencia como un arte, después de todo! Es una hermosa manera de rendir homenaje a nuestra herencia y naturaleza inclinada al bricolaje.

Las empresarias que desean sumergirse en la industria cosmética utilizan sus habilidades creativas para formular productos innovadores. Basándose en el trabajo de los químicos cosméticos que utilizan métodos científicos para crear productos estables y seguros, este libro se esfuerza por proporcionar a las empresarias y entusiastas del cuidado de la piel los componentes fundamentales de la ciencia cosmética.

La formulación de un producto o gama de productos siempre comienza con una idea. Échale un vistazo a los productos disponibles en el mercado o realiza una investigación de mercado si planeas vender tus creaciones cosméticas. Si tu investigación determinó que se necesita un nuevo producto (productos que no están cubiertos en el libro), es mejor buscar la ayuda de un químico cosmético. El químico te ayudará a encontrar los ingredientes y dosis adecuadas para el producto deseado.

Ya sea que estés creando un nuevo producto desde cero o desees replicar los cubiertos en el libro, es esencial investigar las materias primas necesarias de antemano. Algunos ingredientes son adecuados para pieles sensibles, mientras que otros ingredientes tienden a obstruir los poros. Investigar los ingredientes que pretendemos utilizar a fondo ayudará a garantizar que los ingredientes dañinos no se deslicen involuntariamente en nuestros productos.

Otro paso que debemos tener en cuenta es probar nuestros productos. Las pruebas son vitales para garantizar que la formulación sea estable y que el producto funcione como se espera. Para los empresarios, las pruebas de productos son uno de los pasos más importantes, ya que nos brindan información valiosa sobre el color, la textura, la viscosidad y otras características cambiantes del producto. El objetivo es crear un producto que sea efectivo, se vea bien y haga que el usuario se sienta bien, la esencia de nuestra cultura de belleza latina. Es una tarea difícil, ¡pero ciertamente vale la pena!

La ciencia cosmética es verdaderamente un arte único. Es un arte que tiene el poder de crear belleza viva y transformadora. Es una forma de arte que se expresa en el lienzo de la piel, barriendo las imperfecciones que pueden mordisquear nuestra confianza. Es natural que aquellos que incursionan en las ciencias cosméticas se vean a sí mismos como artistas. Si bien es cierto que la belleza está en el ojo del espectador, continuaré argumentando que el arte está en manos de su creador. Es muy posible que te conviertas en ese artista, y es en este espíritu que escribí este libro y compartí mi conocimiento. El espíritu de un artista que comparte el conocimiento del oficio con otro. Ahora que estás armada con una base sólida, ¡sal y honra al mundo con tu arte!

ARTEMIXBEAUTY

Me siento orgullosa de escribir para nuestra comunidad Latina.

♥ ♥ ♥

Si disfrutaste leyendo mi libro, por favor déjame tu reseña y recomiéndalo. Tu opinión es sumamente valiosa para mí, ya que me motiva a seguir investigando y desarrollando conocimiento que satisfaga nuestras necesidades específicas.

Abrazos
Catalina

www.artemixbeauty.com

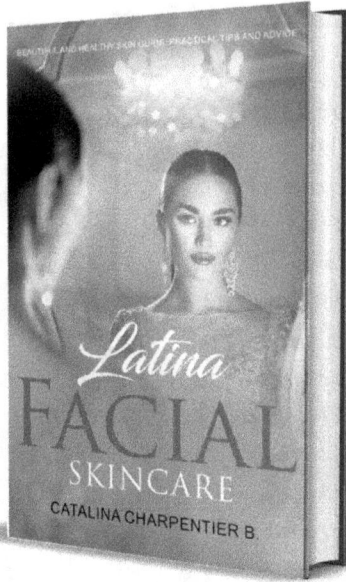

Discover the secrets to looking spectacular on each page. Learn about skincare, product choice, and the best supplements to rejuvenate your face.

www.artemixbeauty.com

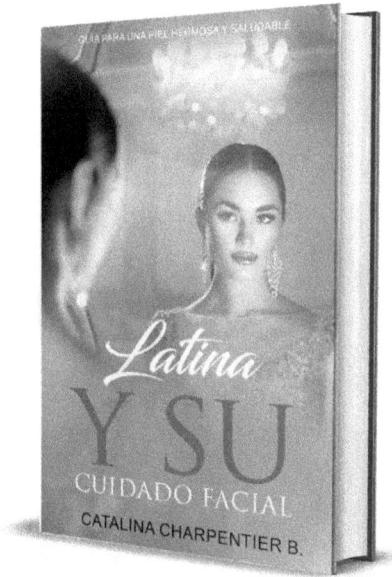

Descubre los secretos para lucir espectacular en cada página. Aprende sobre el cuidado de la piel, la elección de productos y los mejores suplementos para rejuvenecer tu rostro.

www.artemixbeauty.com

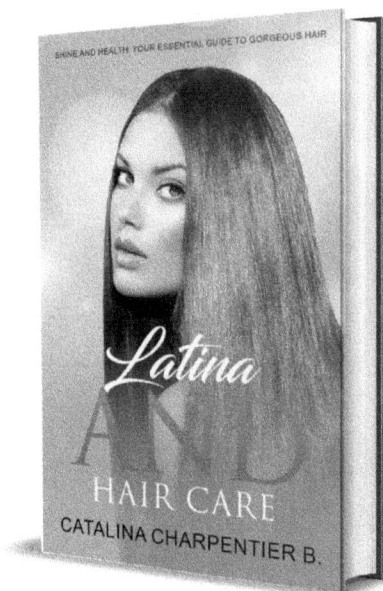

SHINE AND HEALTH: YOUR ESSENTIAL GUIDE TO GORGEOUS HAIR

Latina

AND

HAIR CARE

CATALINA CHARPENTIER B.

Descubre los secretos para lucir
espectacular en cada página.
Aprende sobre el cuidado de la
piel, la elección de productos y
los mejores suplementos para
rejuvenecer tu rostro.

Glosario

Ácido cítrico: Un ingrediente utilizado para ajustar el pH en formulaciones cosméticas hacia un valor ácido.

Ácido esteárico: Este ingrediente actúa como emulsionante, espesante natural y lípido hidratante. El ácido esteárico puede ayudar a mejorar tanto la consistencia como la vida útil de una emulsión y se usa con frecuencia en productos cosméticos para la cara, el cuerpo y el cabello.

Ácido fítico: Este ingrediente se usa comúnmente en formulaciones dirigidas al acné y los puntos negros. Puede ayudar a reducir y limpiar los poros. Además, el ácido ilumina la piel.

Actividad específica sobre activos: Estos ingredientes se utilizan para potenciar la acción de un cosmético. Por ejemplo, Q10 se puede utilizar para agregar una función antiarrugas a las formulaciones para el cuidado de la piel.

Aditivos: Los aditivos no son esenciales para la acumulación de productos cosméticos, pero mejoran la presentación final al dar color, aroma y proteger el producto del deterioro prematuro.

Alcalino: Un producto se conoce como alcalino cuando posee un valor de pH entre 7.1 y 14.

Alfa hydroxiácidos: Ácidos solubles en agua que pelan suavemente las células muertas de la piel y ayudan en la renovación celular. Los alfahidroxiácidos son bien conocidos por sus propiedades hidratantes y son un ingrediente popular en productos antienvejecimiento, ya que estimulan la producción de colágeno.

Betaína de coco: Un ingrediente con propiedades de limpieza suaves y se usa a menudo en productos diseñados para pieles sensibles y productos para bebés. El ingrediente ejerce un ligero efecto antibacteriano.

Caprylyl glycol: Un alcohol derivado del caprichoglicol que actúa como humectante y conservante. Tiende a ser una opción más segura que la mayoría de los conservantes. El ingrediente se puede utilizar con otros conservantes para aumentar su actividad antimicrobiana.

Cera de candelilla: Una cera muy similar a la cera de abejas. Se deriva del arbusto Candelilla que es nativo de México. La cera actúa como humectante y se utiliza en formulaciones para hidratar la piel seca. La cera de candelilla no obstruye los poros y se puede usar de manera segura en formulaciones para pieles grasas.

Cera de carnauba: Una cera natural a veces conocida como la "reina de las ceras". La cera de carnauba es la cera natural más dura disponible y se utiliza a menudo en la producción de delineadores de ojos, productos para el cuidado de la piel y bases.

Cocoglucósido: Un agente limpiador suave derivado del azúcar de la fruta y el aceite de coco.

Cremas hidratantes: Su propósito es ayudar a la piel a retener agua. La glicerina, la urea, el sorbitol, el lactato de sodio, el ácido hialurónico y la betaína son ingredientes hidratantes de uso común. Estos ingredientes se utilizan mejor en fórmulas con una fase acuosa.

Crodabase CR2: Una base autoemulsionante ampliamente utilizada en formulaciones cosméticas para crear cremas y lociones. La base está formulada con ceras espesantes y emulsionantes emolientes que no son iónicos, lo que lo convierte en un producto amante de la piel.

Decilglucósido: Un surfactante suave utilizado en formulaciones cosméticas y productos para bebés. No es iónico y se puede utilizar en formulaciones destinadas a personas con piel sensible.

Dehyquart: También conocido como cloruro de acetil dimetilamonio. Es un agente acondicionador utilizado en emulsiones y cremas.

Dermatitis atópica: Afección cutánea caracterizada por piel seca, inflamada y con picazón. La condición es causada principalmente por irritantes en productos de cuidado personal, factores ambientales y alérgenos.

Dióxido de titanio: Este ingrediente se usa comúnmente como opacificante y colorante en ingredientes cosméticos.

Fase acuosa: En esta fase, calentamos y disolvemos nuestros ingredientes solubles en agua. La fase acuosa se prepara por separado de la fase oleosa.

Fase oleosa: En esta fase, calentamos y disolvemos los ingredientes solubles en aceite. La fase oleosa se prepara por separado de la fase acuosa.

Formulaciones Anhidras: Formulaciones cosméticas que tienen poco o ningún contenido de agua. Estos productos también se conocen como formulaciones "sin agua" o "libres de agua" y contienen principalmente ingredientes solubles en aceite.

Gel cosmético: Un producto semisólido con una textura fresca. Los geles se absorben fácilmente en la piel, y el grosor del gel depende de la cantidad de agente gelificante que se utilice.

Goma xantana: Un agente gelificante natural utilizado en muchos productos cosméticos naturales.

Hidrosoles/hidrolatos: Estos ingredientes se utilizan para reemplazar parcial o completamente el agua destilada. Los hidrosoles se utilizan para preparar tónicos, geles corporales, champús y emulsiones.

INCI: Abreviatura que significa Nomenclatura Internacional de Ingredientes Cosméticos. Este es un sistema internacional que se utiliza para nombrar ingredientes cosméticos. Piensa en ello como un lenguaje común que se utiliza en la industria cosmética.

Micrones: Una unidad de medida. Una micra equivale a una milésima de milímetro. Se recomienda utilizar partículas redondas de 200 micras para exfoliantes faciales. Asegúrate de que las partículas sean redondas, de lo contrario corremos el riesgo de dar a la piel rasguños microscópicas.

Miristato de isopropilo: Un ingrediente no oclusivo con fuertes propiedades emolientes y de esparcimiento. A menudo se utilizan productos para el cuidado después del sol, limpiadores faciales, contorno de ojos y otros productos, ya que proporciona suavidad.

No comedogénico: Un producto o ingrediente que no obstruye los poros. Estos productos e ingredientes están especialmente recomendados para pieles grasas.

Óxido de zinc: Un polvo blanco que no se puede disolver en agua, este ingrediente se utiliza en productos cosméticos para tratar o prevenir la irritación menor de la piel. El óxido de zinc tiene cualidades de protección solar, pero no debe usarse como reemplazo del protector solar formulado para tu tipo de piel.

Palmitato de cetilo: Un emoliente ceroso utilizado en productos cosméticos. El ingrediente da cuerpo y visibilidad a las formulaciones.

Quelante: Un ingrediente utilizado en productos cosméticos para eliminar metales pesados.

Rosácea: Una afección de la piel que causa enrojecimiento, pequeñas protuberancias llenas de pus y vasos sanguíneos visibles en la cara. Las personas con rosácea pueden experimentar brotes periódicos.

Silicona 1501: Un ingrediente acondicionador que estimula la piel aterciopelada. El ingrediente tiene efectos duraderos.

Silicona 245: Un ingrediente no pegajoso con excelentes propiedades para untar y no deja residuos grasos ni acumulación en la piel.

Silicona 9040: Un ingrediente con alto peso molecular. Es compatible con numerosos ingredientes activos y actúa como agente espesante en formulaciones cosméticas a base de agua en aceite y agua en silicona.

Sin fragancia: Los productos etiquetados como "sin fragancia" no contienen ingredientes que se identifiquen como fragancia cosmética.

Sin perfume: Los productos etiquetados como "sin perfume" no tienen un aroma discernible, pero aún pueden contener fragancia cosmética que tiene un aroma neutro.

SLS: También conocido como lauril sulfato de sodio. Este ingrediente es un surfactante que se usa comúnmente en champús, limpiadores de pisos y desengrasantes de motores. El lauril sulfato de sodio hace espuma bien, pero es duro para la piel.

Sorbato de potasio: Se encuentra naturalmente en algunas frutas, una versión sintéticase hace en laboratorios con fines cosméticos.

Suero: Un producto líquido concentrado, diseñado para tratar problemas específicos como el acné, las arrugas o el tono desigual de la piel.

Tampones: Un ingrediente utilizado en productos cosméticos para mantener el pH estable.

Texapon: Un surfactanteque se encuentra en muchos productos de limpieza.

Tónico: Un producto líquido diseñado para proporcionar hidratación a la cara y restaurar el pH natural de la piel después de la limpieza.

Trietanolamina: Un ingrediente no activo que se utiliza para ajustar el pH de las formulaciones cosméticas hacia un valor alcalino.

Tween 20: También conocido como polisorbato 20. Este ingrediente se utiliza comúnmente como agente emulsionante en la preparación de emulsiones de aceite en agua.

Referencias

A cidos en cosmetica: ¡descubre el mejor para tu piel! (2020, January 17). Hacer Cremas. https://www.hacercremas.es/acidos-en-cosmetica/

Conceptos básicos dehemistry C cosmético. (2019, 14 de mayo). Cosméticos MiiN. https://miin-cosmetics.com/blog/conceptos-basicos-quimica-cosmetica-2/

Brooks, A. (2022, 23 de agosto). *¿Cuál es la diferencia entre los exfoliantes AHA vs. BHA?* Mira. https://www.talktomira.com/post/whats-the-difference-between-aha-vs-bha-exfoliants

Burhop Fallon, B. (1 de julio de 2021*). Latinx Beauty está más de moda que nunca, y estas son las marcas en nuestro radar.* NewBeauty. https://www.newbeauty.com/latinx-beauty-trend/

Cómo hacer un gel base con goma xantana. (2020, December 20). Curso de Cosmética Online. https://cursodecosmetica.com/como-hacer-un-gel-base-con-goma-xantana/

Base de crema - usos, efectos secundarios, y más. (s.f.). WebMD. Consultado el 27 de noviembre de 2022 en https://www.webmd.com/drugs/2/drug-8205/cream-base-topical/details

Exfoliante facial en crema. (2020, 2 de octubre). Hacer Cremas. http s://www.hacercremas.es/exfoliante-facial-en-crema/

Cremas base: qué son, cuál elijo para mi piel y recetas sencillas. (2021, July 21). Blog de Gran Velada. https://www.granvelada.com/blog/diferencias-entre-las-crema-base/# :~:text=Crema%20base%20hidratante&text=Es%20una%20crema%2 0base%20con

Debayle, E. (2018, March 25). 9 tips para mantener el pH de la piel. *The Beauty Effect.* https://www.thebeautyeffect.com/piel/ph-de-la-p iel-10-maneras-para-mantenerlo/

EDTA. (s.f.). L'Oréal. Consultado el 28 de noviembre de 2022 en https://inside-our-products.loreal.com/ingredients/edta#:~:text= in%20the%20laboratory.-

Mezcla de emulsiones con cosméticos. (s.f.). Laboratorios de cultivo. ht tps://www.growinglabs.com/pages/emulsion-mixing-with-cosmética

Feregotto, T. (2019, August 3). *Requisitos de etiquetado para cosméticos comercializados en EE. UU.* CE.way. https://ceway.eu/es/requisitos-d e-etiquetado-para-cosmeticos-comercializados-en-ee-uu/

Informe final sobre la evaluación de la seguridad deltricloroetano. (2008). *International Journal of Toxicology, 27,* 107–138. https://doi .org/10.1080/10915810802550835

Geier, J., Uter, W., Pirker, C. y Frosch, P. J. (2003). La prueba de parche con el lauril sulfato de sodio irritante (SLS) es útil para interpretar las reacciones débiles a los alérgenos de contacto como alérgicas o irritantes. *Dermatitis de contacto, 48*(2), 99–107. https://doi.org/10.1034/j.1600-0536.2003.4 80209.x

Hacer serum vitamina C. (2015, February 13). Hacer Cremas. https://w ww.hacercremas.es/hacer-serum-de-vitamina-c/

Cómo hacer jabón casero para la cara. (2016, 23 de noviembre). Hacer Cremas. https://www.hacercremas.es/como-hacer-jabon-dermoprotecto r-para-pieles-sensibles/

Ácido hialurónico. (2019, 30 de noviembre). Wikipedia; Fundación Wiki-media. https://en.wikipedia.org/wiki/Hyaluronic_acid

Hipersensibilidad   en   general.   (s.f.).   Eucerina. https://int.eucerin.com/skin-concerns/hypersensitive-redness-prone-skin /hypersensitivity-in-general#:~:text=Hypersensitive%20skin%20%2D%2 0o%20muy%20sensible

¿Es seguro el cloruro de benzalconio? (2022, 18 de abril). GlanHealth. https://glanhealth.com/blog/is-benzalkonium-chloride-safe/

↑ Killip, S. (2022, 15 de agosto). *Tamaño del mercado de belleza y cosméticos: crecimiento y tendencias de la industria.* Ates-tiguar. https://www.askattest.com/blog/articles/beauty-cosmetics-mark et-size#:~:text=In%202022%2C%20worldwide%20revenue%20from

Kunin, A. (s.f.). *Piel grasa.* Blog de DERMAdoctor. https://www.derm adoctor.com/blog/oily-skin-info/

La Piel y el pH - Medición, Escala y Cosméticos. (2021, January 14). Jabonarium Shop. https://www.jabonariumshop.com/la-piel-y-el-ph-m edicion-escala-y-cosmeticos-caseros

Leiva, C. (2019). *11 razones por las que tu piel podría ser grasa*. Insider. https://www.insider.com/why-is-your-skin-oily-2019-5

Lincho, J., Martins, R. C. y Gomes, J. (2021). Compuestos de parabenos: Parte I: Una visión general de sus características, detección e impactos. *Ciencias Aplicadas*, *11*(5), 2307. https://doi.org/10.3390/app11052307

Nast, C. (2018, 16 de mayo). *11 cosas que los dermatólogos quieren que sepas sobre la piel* sensible. PROPIO. https://www.self.com/story/sensitive-skin-facts-dermatologists

Nikolic, A. (2016, 10 de abril). *Tratamiento de la piel grasa: elegir los ingredientes adecuados.* Skin-Miles. https://skinmiles.com/treating-oily-skin-choosing-right-ingredients/#:~:text=Oily%20skin%20can%20be%20hard

Fotosensibilidad. (2011, 2 de febrero). Instituto Nacional del Cáncer. https://www.cancer.gov/publications/dictionaries/cancer-terms/def/photosensitivity

Preservatives In Skincare: What You Need To Know. (s.f.). Piel Esmi. Consultado el 30 de noviembre de 2022 en https://www.esmiskin.com/blogs/esmi-skin-central/preservatives-in-skincare-what-you-need-to-know#:~:text=Some%20have%20been%20linked%20to%20serious%20long%20term%20health%20issues%20too.&text=The%20most%20widely%20used%20conservatives

Bálsamo labial de frambuesa. (2019, 13 de enero). Hacer Cremas. https://www.hacercremas.es/hacer-balsamo-labial-aroma-frambuesa-brillo/

Reglamento (CE) nº 1223/2009 del Parlamento Europeo. (2022). Eur-Lex. https://eur-lex.europa.eu/legal-content/EN/TXT/?uri=C ELEX%3A02009R1223-20221006

Ruiz, G. (2016). *La vanidad de la mujer latina, en cifras.* Univision. https://www.univision.com/estilo-de-vida/belleza/la-vanidad -de-la-mujer-latina-en-cifras

Saffari, K. (2019). *Visión general del mercado de viajes hispano.* https://ntaonline.com/wp-content/uploads/2019/10/Overvie w-of-the-Hispanic-Travel-Market.pdf

↑ Steadman, K. (2017, 18 de mayo). *La raíz del mal del aceite: las 7 principales causas de la piel grasa.* MYSA. https://www. foreo.com/m ysa/top-7-causes-oily-skin/#:~:text=Genetics

Stern, R. (2004). Catabolismo hialuronano: una nueva vía metabólica. *Revista Europea de Biología Celular, 83*(7), 317–325. https://doi.org /10.1078/0171-9335-00392

Texapon. (2022). Https://c onstruquimicos.com.co/materias-primas /177-texapon.html

Texapon líquido. (2021, May 1). Productos Mima. https://www.pro ductosmima.com/texapon-liquido/

Tipos de conservantes cosméticos: ¿qué debes saber sobre ellos? (2021, June 23). ZS España. https://www.zschimmer-schwarz.es/noticias/tipos-d e-conservantes-cosmeticos-que-debes-saber-sobre-ellos/

Triclosán: Efectos sobre la salud. (s.f.). Más allá de los pesticidas. https://www.beyondpesticides.org/resources/antibacterials/triclosan/health-effects

Entendiendo la piel – El pH de la piel. (2017, 4 de abril). Eucerina; Eucerina. https://int.eucerin.com/about-skin/basic-skin-knowledge/skins-ph

Vallez, M. (2021, April 27). *Requisitos de etiquetado de cosméticos según el Reglamento 1223/2009 de la UE - Las Normas ISO.* Las Normas Iso. https://www.lasnormasiso.com/requisitos-de-etiquetado-de-cosmeticos-segun-el-reglamento-1223-2009-de-la-ue/

Watson, K. (27 de julio de 2020). *Venas debajo de los ojos: causas y opciones de tratamiento.* Línea de salud. https://www.healthline.com/health/what-causes-prominentes-venas-debajo-de-los-ojos-y-cómo-tratarlas-

Qué sucede con el colágeno a medida que envejecemos. (2020, 3 de abril). Vibrance MedSpa. https://vibrancemedspa.com/what-happens-to-collagen-as-we-age/#:~:text=Your%20body%20begins%20to%20lose

Qué es Cosgard (Geogard 221). (s.f.). Aprende Canyon. https://learncanyon.com/ingredients/cosgard/

¿Por qué es tan importante el etiquetado de productos? (2017, 23 de octubre). Luminer. https://www.luminer.com/articles/why-is-product-labeling-important/

Williams, D. (1 de diciembre de 2016). *Cómo la industria de Cosmetadoptó la tecnología.* Lenguaje digital de Toppan. https://toppandigital.com/translation-blog/cosmetics-industry-embraced-technology/

Referencias de imágenes

A. Shkraba. (2020). *Bálsamos labiales en envases de latas.* https://w ww.pexels.com/photo/lip-balms-in-can-containers-6187571/

A. Shvets. (2020). *Mujer negra de cultivo haciendo incienso líquido aromático.* https://www.pexels.com/photo/crop-black-woman-maki ng-aromatic-liquid-incense-5760907/

Cottonbro. (2020). *[Persona sosteniendo una olla de crema].* https:// www.pexels.com/photo/hands-woman-girl-morning-4046316/

Cottonbro. (2020). *Persona sosteniendo una botella de plástico blanca.* https://www.pexels.com/photo/person-holding-white-plastic-bo ttle-4612151/

Estudio Cottonbro. (2020). *Persona que sostiene un batidor de alambre plateado mezclando el color del cabello.* https://www.pexels.com/pho to/person-holding-silver-wire-whisk-mixing-hair-color-3993315/

Estudio Cottonbro. (2021). *Una mujer tocando una botella de bomba.* https://www.pexels.com/photo/a-woman-touching-a-pump-bot tle-7449903/

J. Madriguera. (2021). *Fondo abstracto de fluidos de gel ondulados con textura suave.* https://www.pexels.com/photo/abstract-background -of-wavy-gel-fluids-with-smooth-texture-6402532/

K. Grabowska. (2020). *Set* de *botella* cosmética *con rosa rosa sobre plato de madera.* https://www.pexels.com/photo/set-of-cosmetic-bo ttle-with-pink-rose-on-wooden-plate-4041391/

K. Grabowska. (2020). *Persona sosteniendo una botella de plástico blanca.* https://www.pexels.com/photo/person-holding-white-plastic-bottle-4938450/

Kindel Media. (2021). *Un líquido amarillo en un vaso de precipitados.* https://www.pexels.com/photo/a-yellow-liquid-in-a-beaker-8325703/

Producción de Mart. (2021). *Botellas de vidrio transparente en estante de madera blanca.* https://www.pexels.com/photo/clear-glass-bottles-on-white-wooden-shelf-8450391/

Ольга волковицкая. (2022). *Frasco de vidrio redondo con tapa negra.* https://www.pexels.com/photo/round-glass-jar-with-black-lid-10860492/

P. Kovaleva. (2021). *Foto de cerca de contenedores.* https://www.pexels.com/photo/close-up-photo-of-containers-8101531/

R. Barros. (2019). *Mujer sentada y riendo.* https://www.pexels.com/photo/sitting-and-laughing-woman-1996887/

R. Lach. (2021). *Mujer lavándose la cara.* https://www.pexels.com/photo/woman-washing-her-face-8142194/

R. Lach. (2021). *Mujer en bata de laboratorio usando teléfono inteligente.* https://www.pexels.com/photo/woman-in-lab-coat-using-smartphone-9795013/

R. Lach. (2021). *Botella de plástico transparente de marca blanca.* https://www.pexels.com/photo/white-labeled-clear-plastic-bottle-8128069/

S. Chai. (2021). *Recorte persona mostrando botella con líquido.* https://www.pexels.com/photo/crop-person-showing-bottle-with-liquid-7262687/

S. Chai. (2021). *Dispensadores verdes en estantería en sistema de agua.* https://www.pexels.com/photo/green-dispensers-on-shelf-on-shower-system-7262993/

Producción de Shvets. (2021). *Lavado facial sobre almohadilla limpiadora de silicona.* https://www.pexels.com/photo/facial-wash-on-silicone-cleansing-pad-9775328/